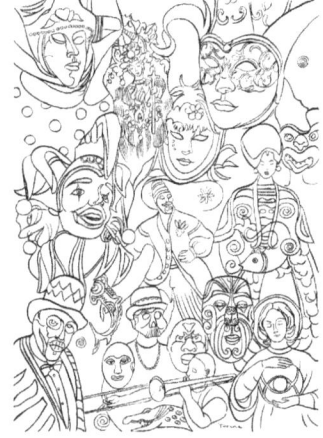 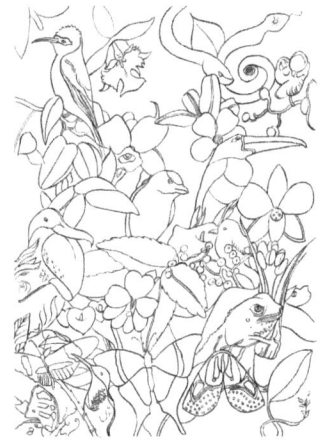 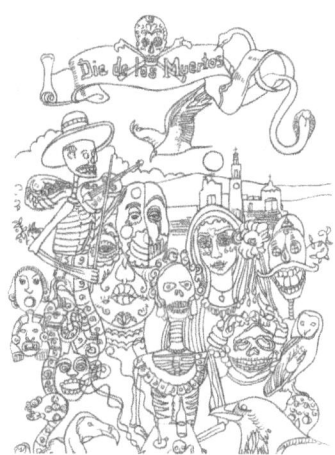

**LEGENDAS & TRADICIONES** es un libro de colorear original que refleja más que ilustraciones. Cada imagen está basada en diferentes influencias del arte, eventos culturales, legendas, tradiciones o naturaleza alrededor del mundo.

Apelando a todas las edades, experimente el fenómeno de colorear, disfrute de la calma y deje a su imaginación adentrarse en el maravilloso mundo de los colores.

**LEGENDAS & TRADICIONES** es un espejo reflejando diferentes culturas alrededor del mundo. En el encontrará imagenes de arte ancestral, tradiciones y leyendas que han pasado por nosotros.

Espero que aprenda y re-aprenda con cada dibujo, y que disfrute de la belleza de nuestra herencia. John.

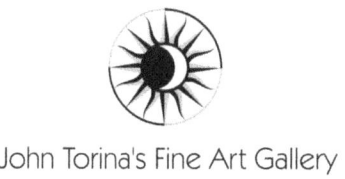

John Torina's Fine Art Gallery

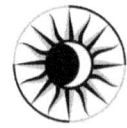

John Torina's Fine Art Gallery

Publicado en 2016 por John Torina's Fine Art Gallery
©2016 Copyright por John Torina's Fine Art Gallery.
®Todos los derechos reservados. Primera Edición.
Todos los derechos de John Torina como autor de este libro
quedan grantizados por el Copyright.

John Torina's Fine Art Gallery
Apartado postal.: 1287-1250
Escazú, San José, Costa Rica
Teléfono: +506 7017-1775
Email: info@johntorina.com
www.JohnTorina.com

Primera Impresión: Marzo 2016
Traducción: Carmen M. Baltodano Q.
ISBN-EAN13:  1530353947 / 9781530353941
Precios especiales para escuelas y otras instituciones.

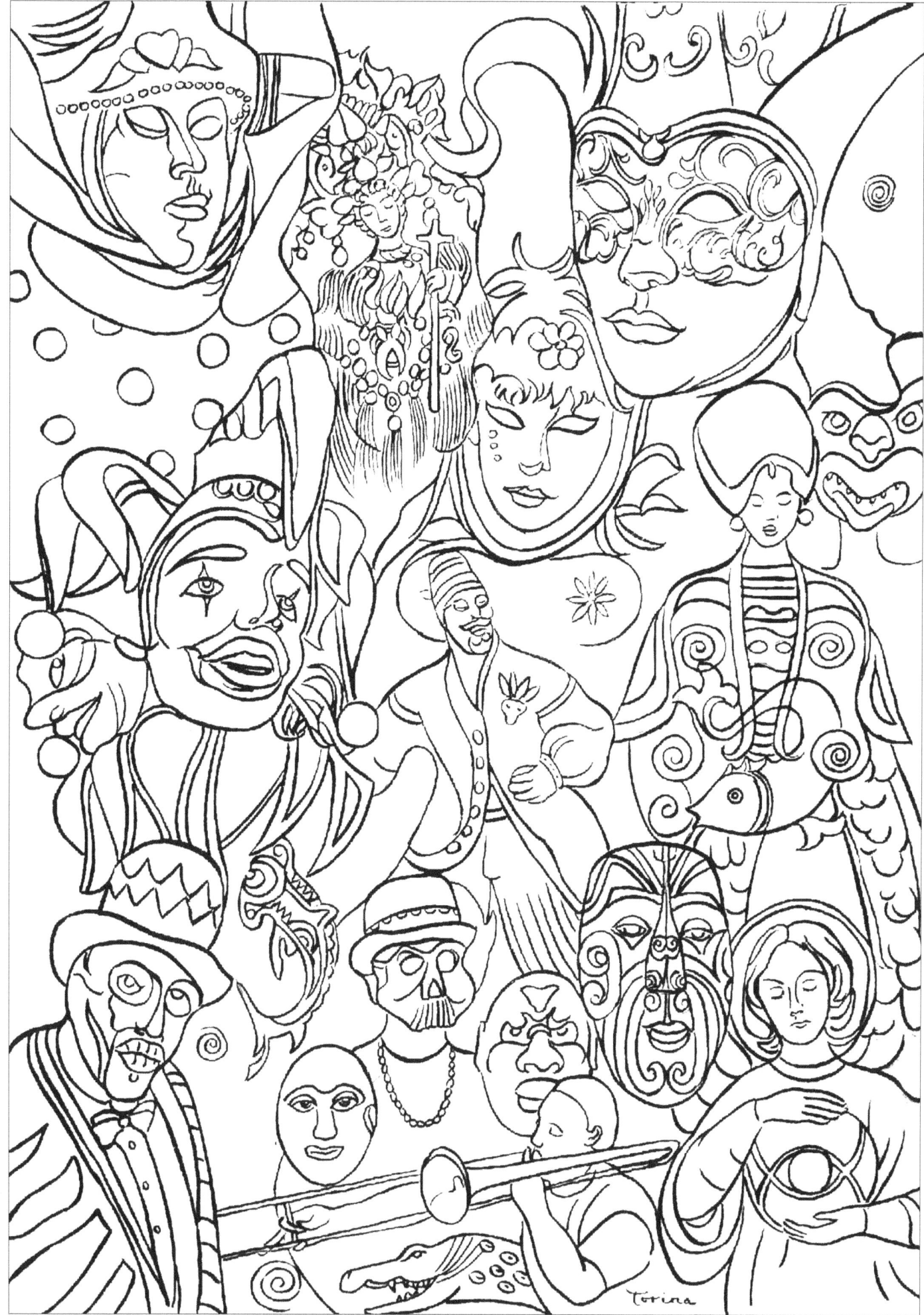

Torina

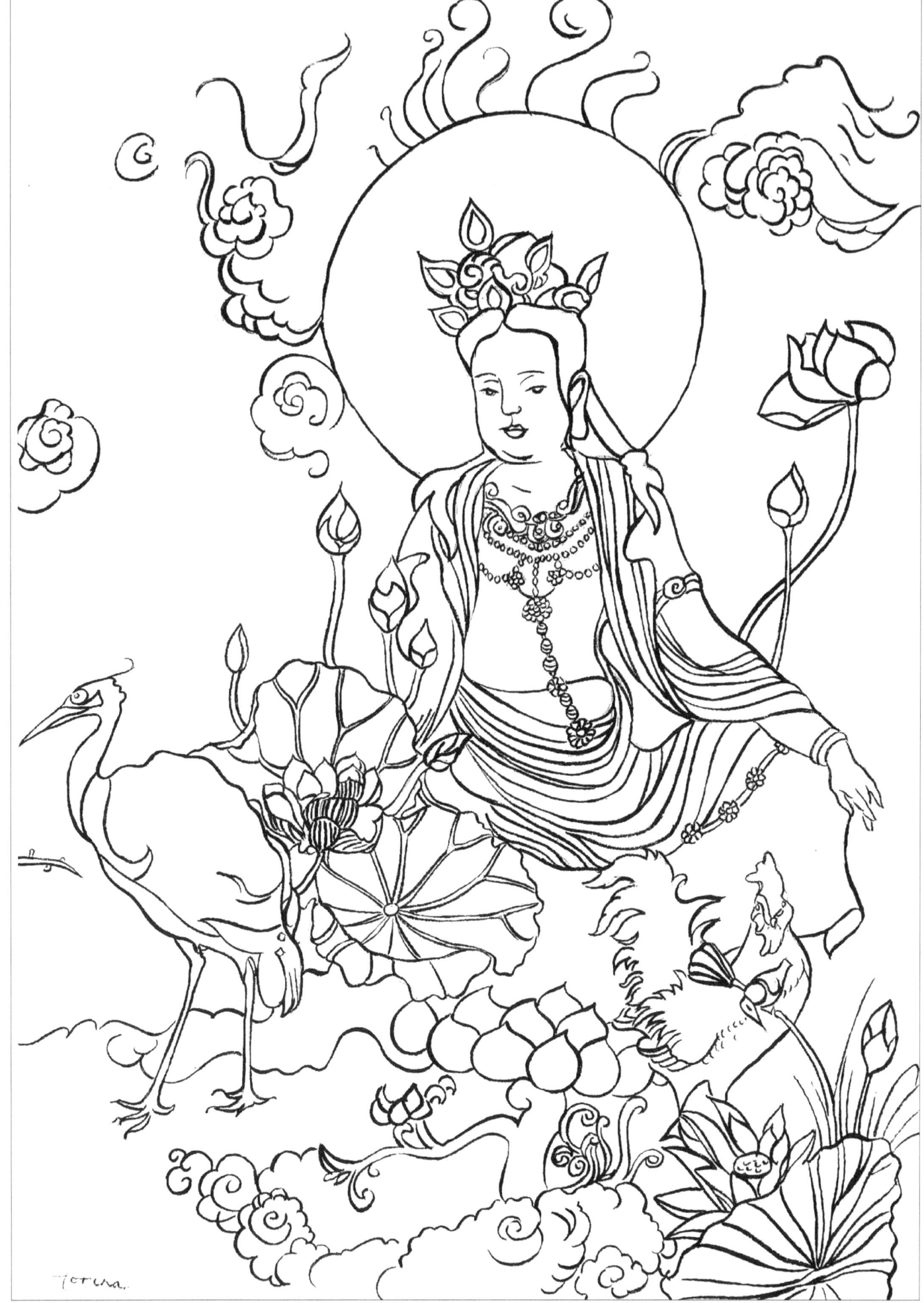

Recorte aqui

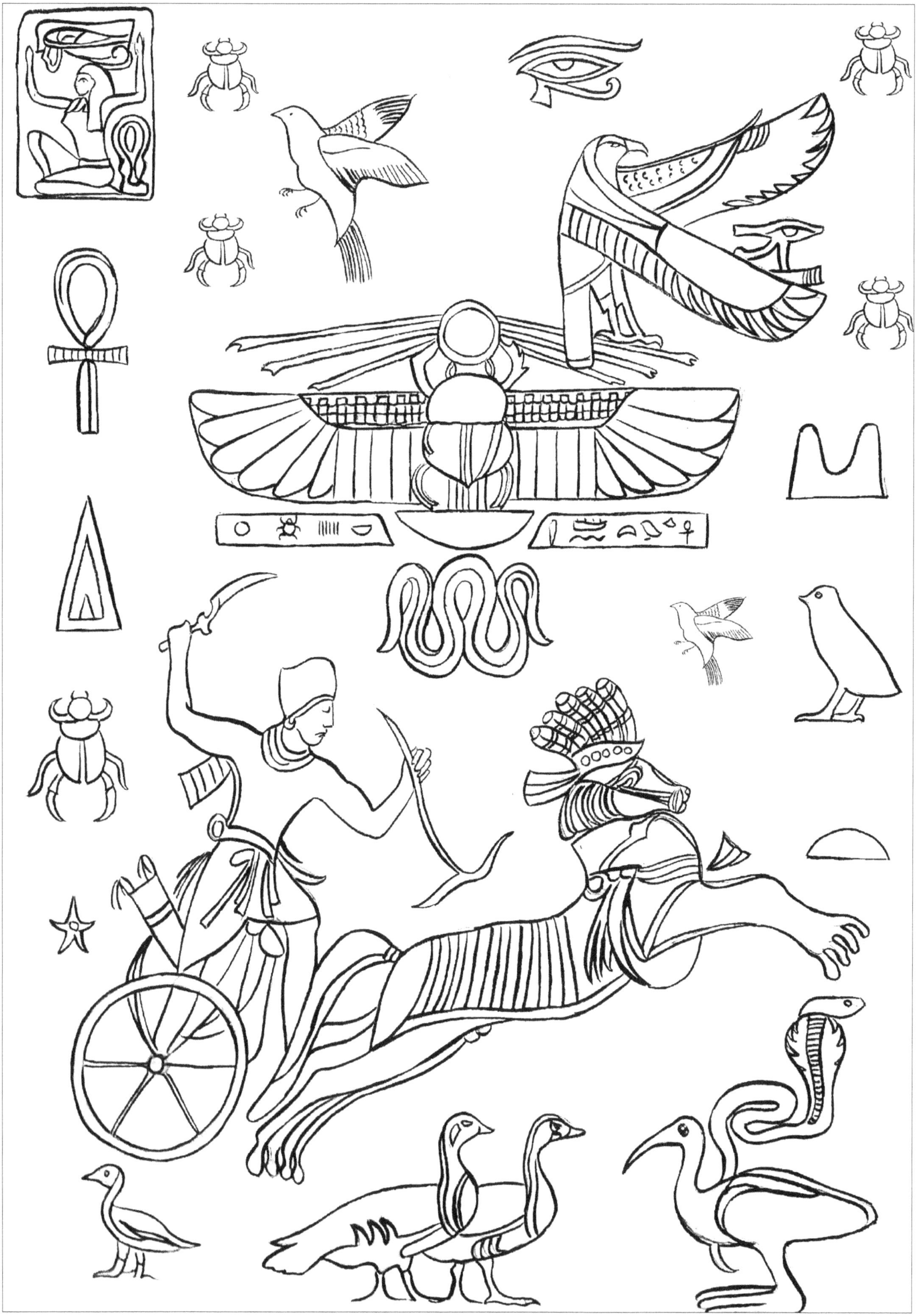

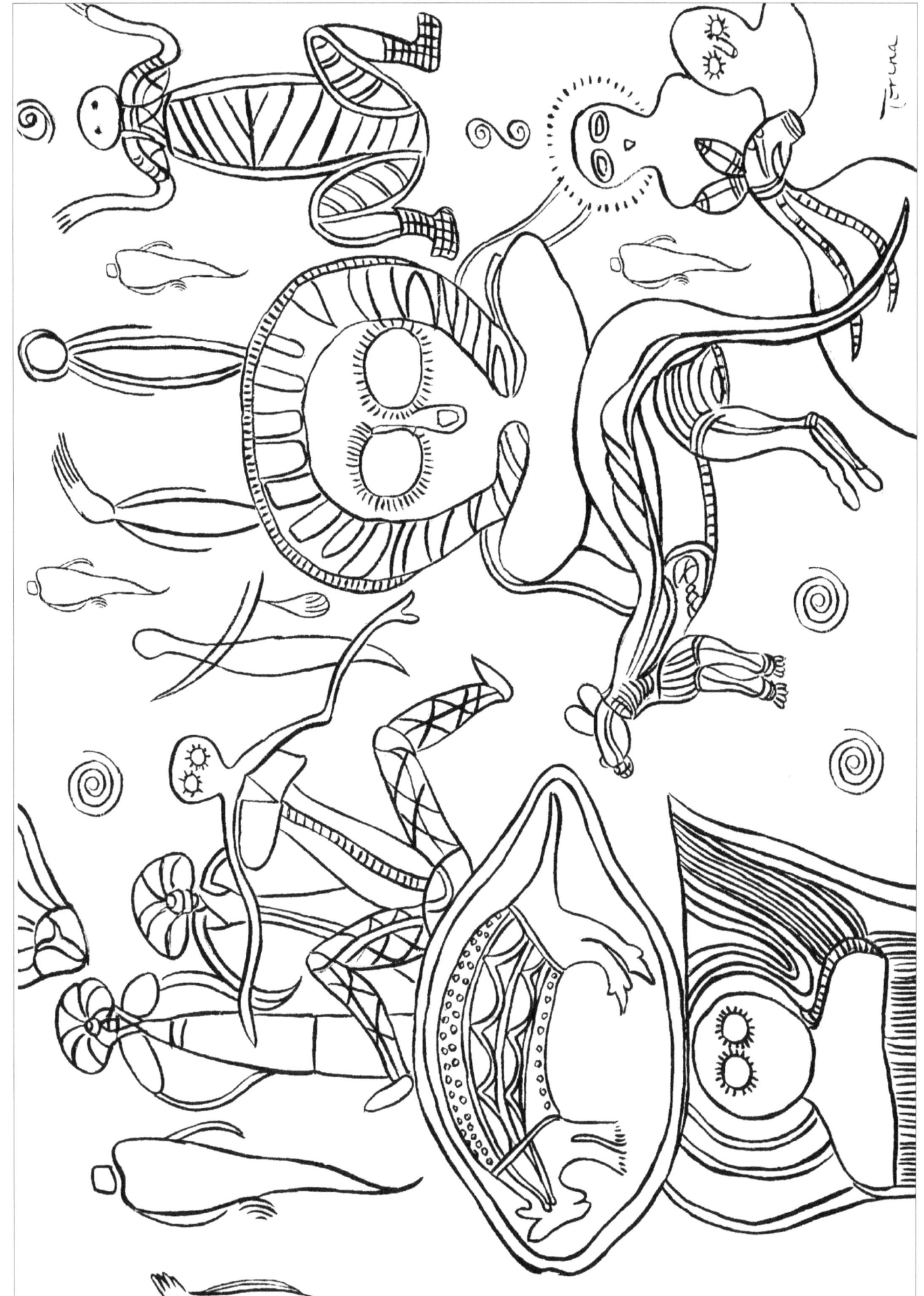

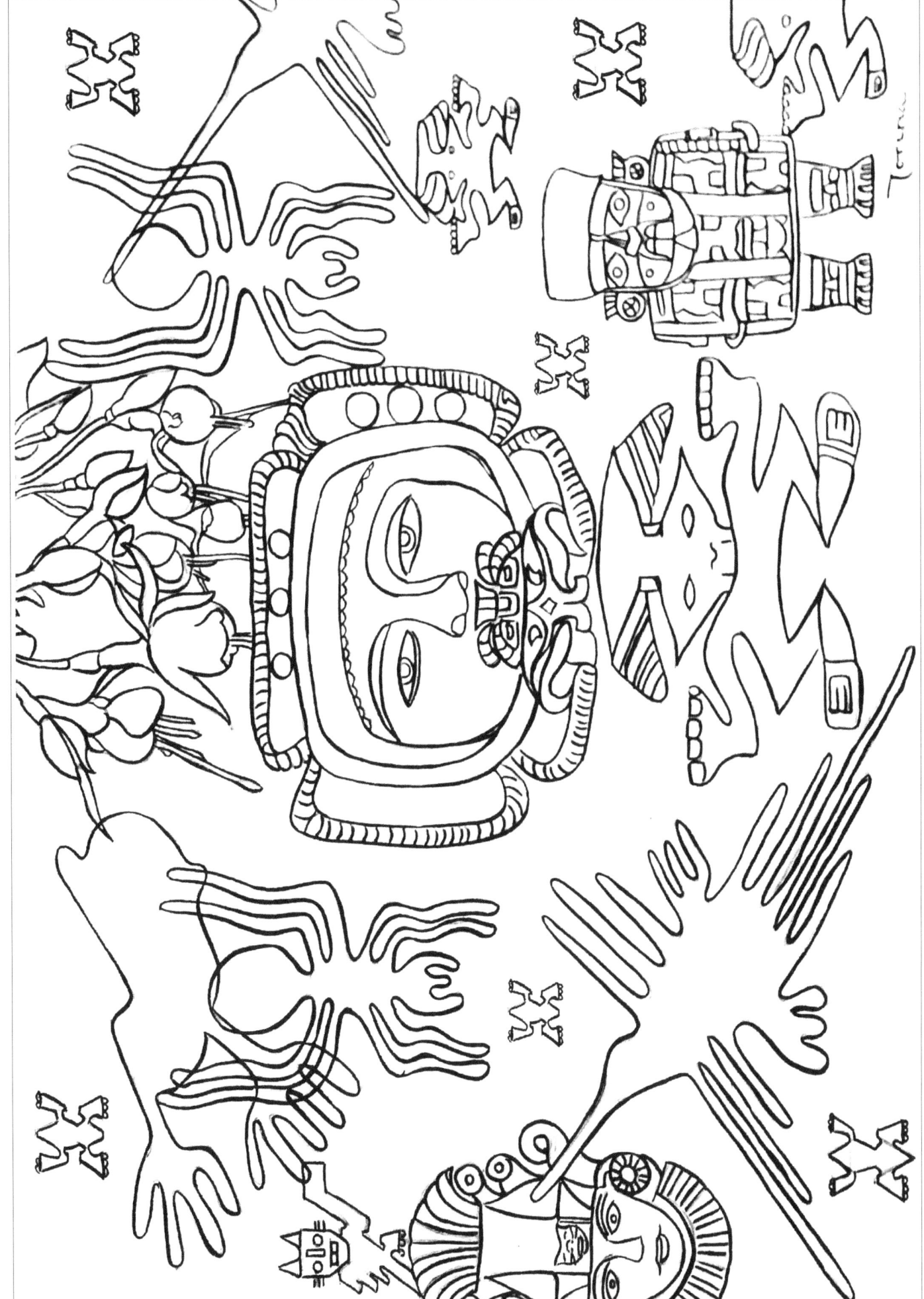

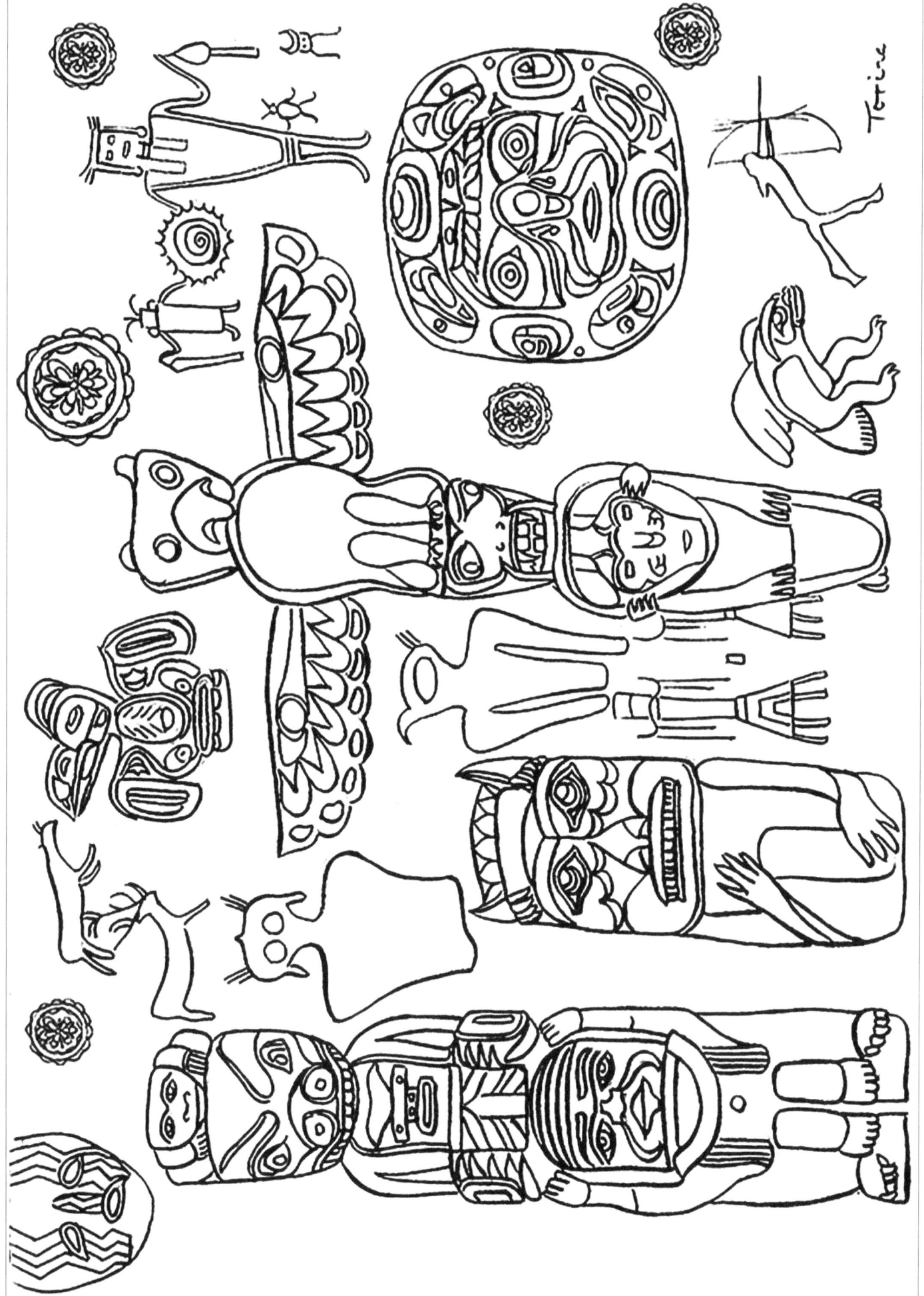

Recorte aquí

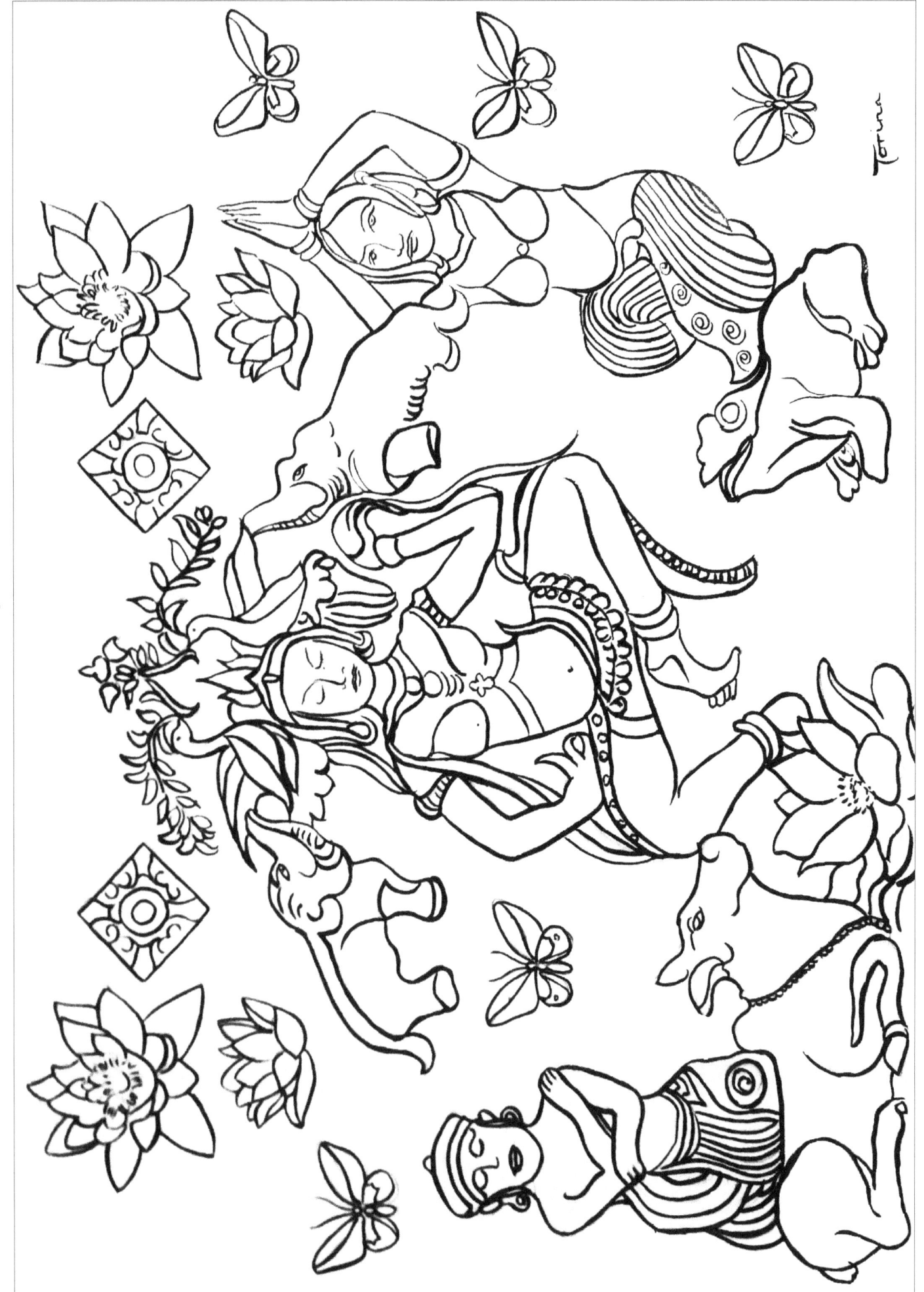

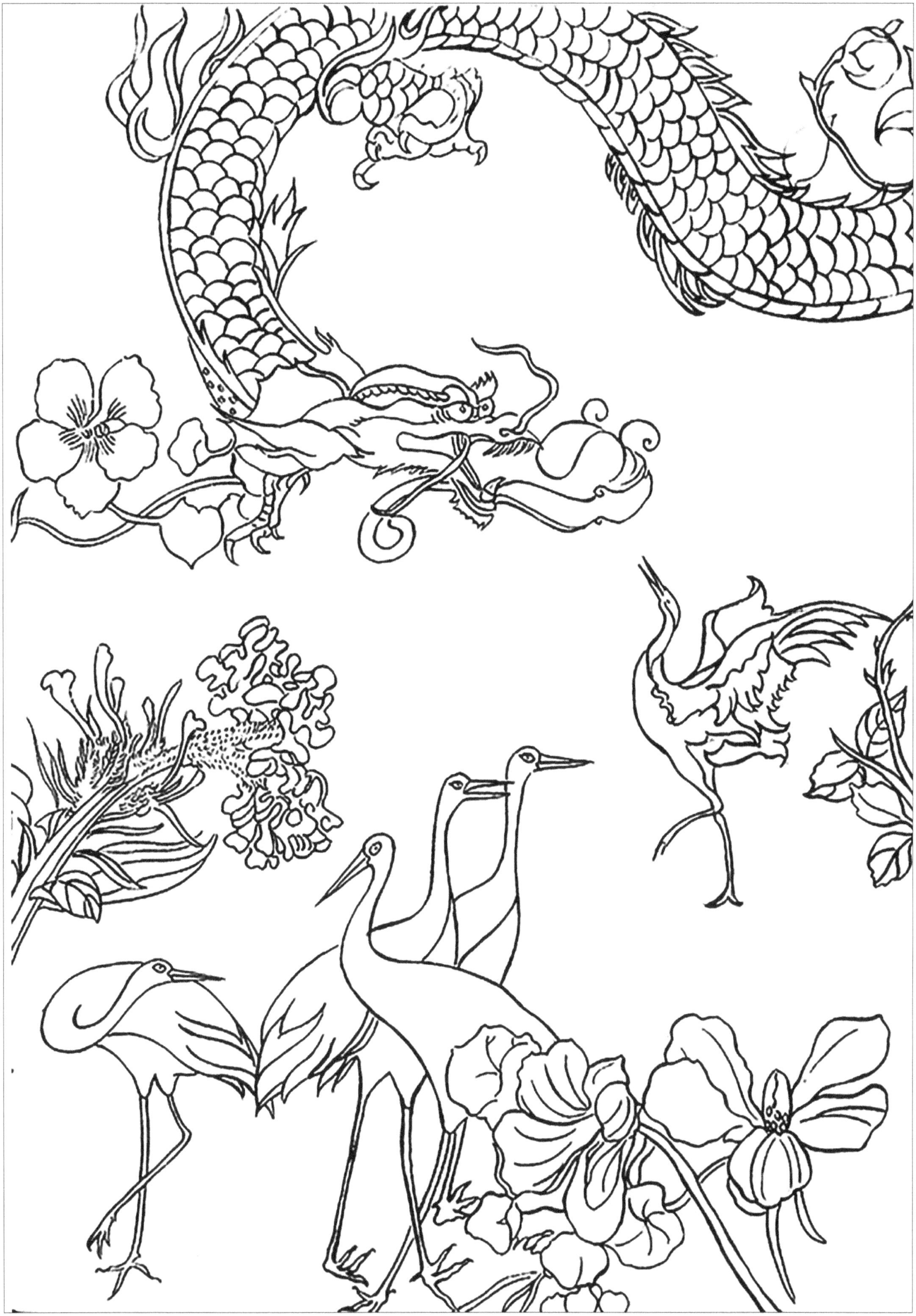

Recorte aqui

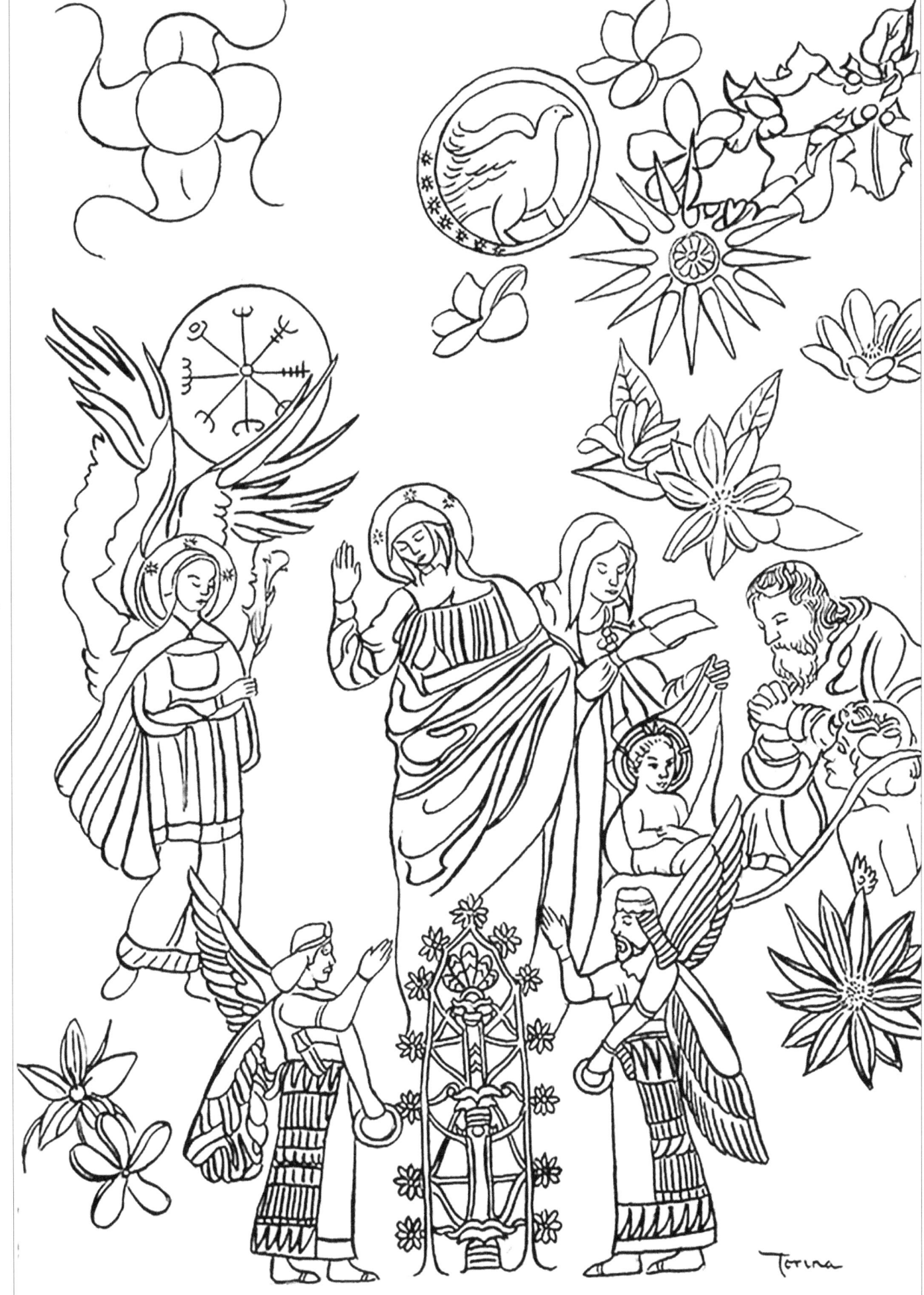

Totina

Recorte aquí

Recorte aquí

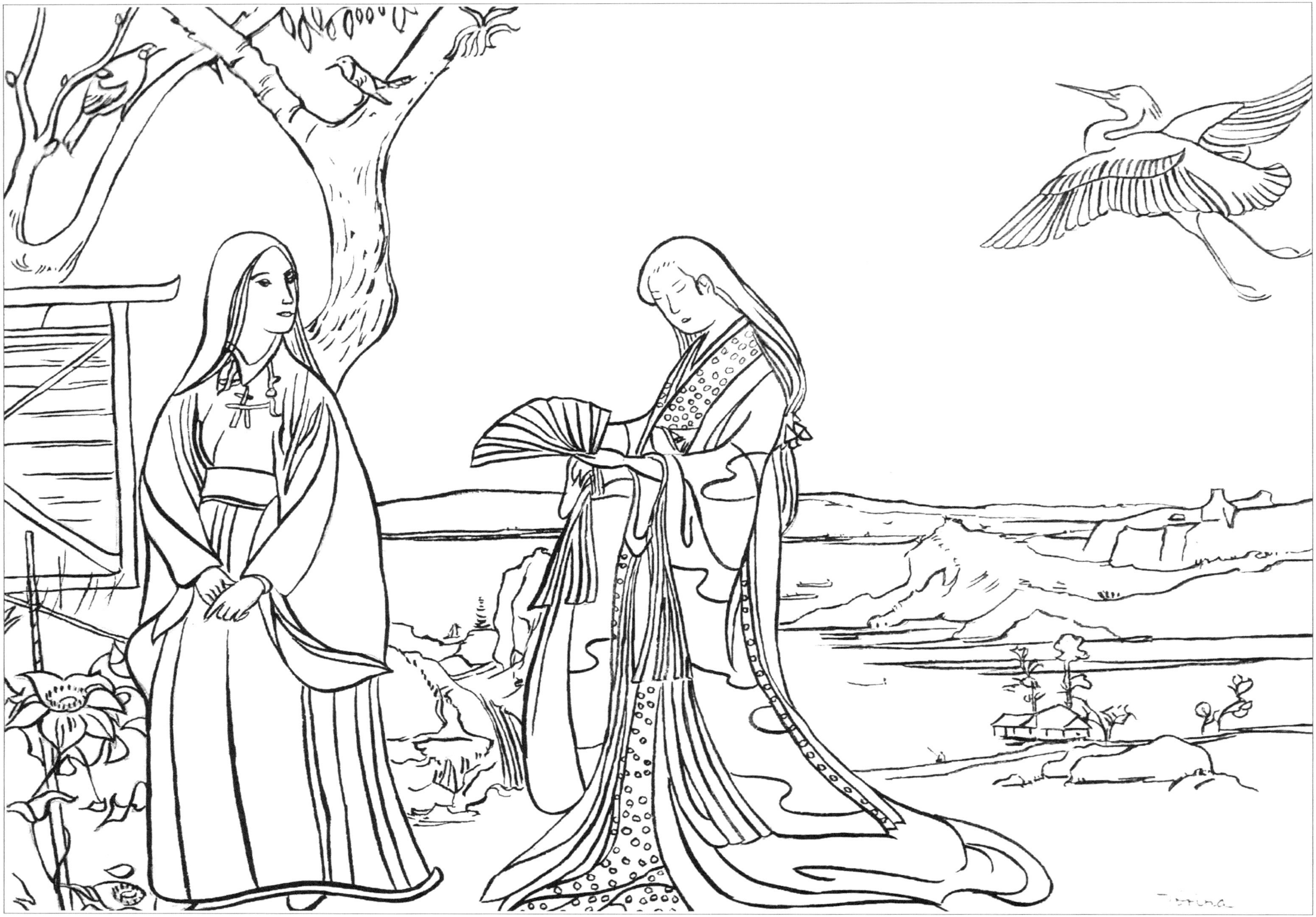

Recorte aquí

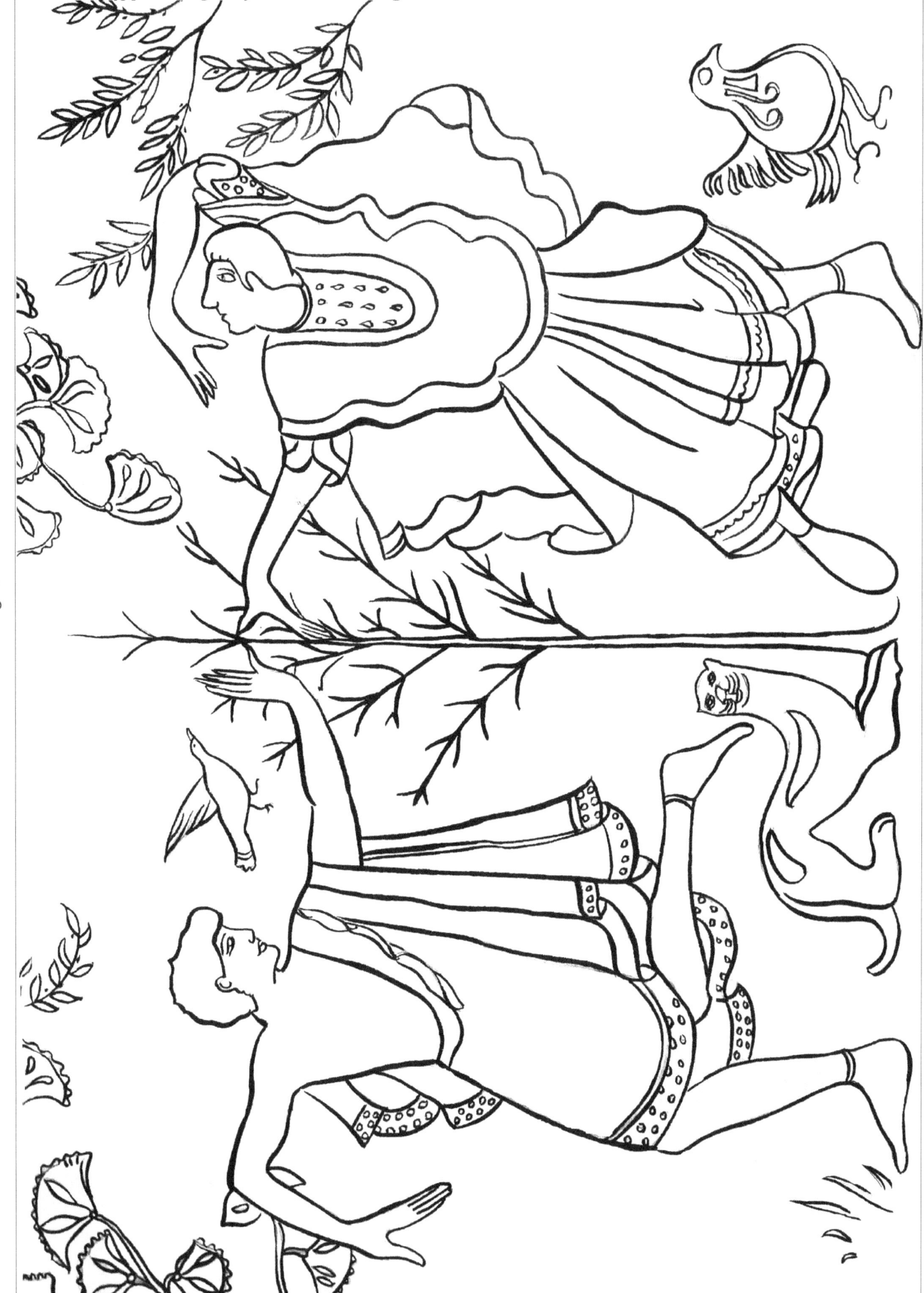

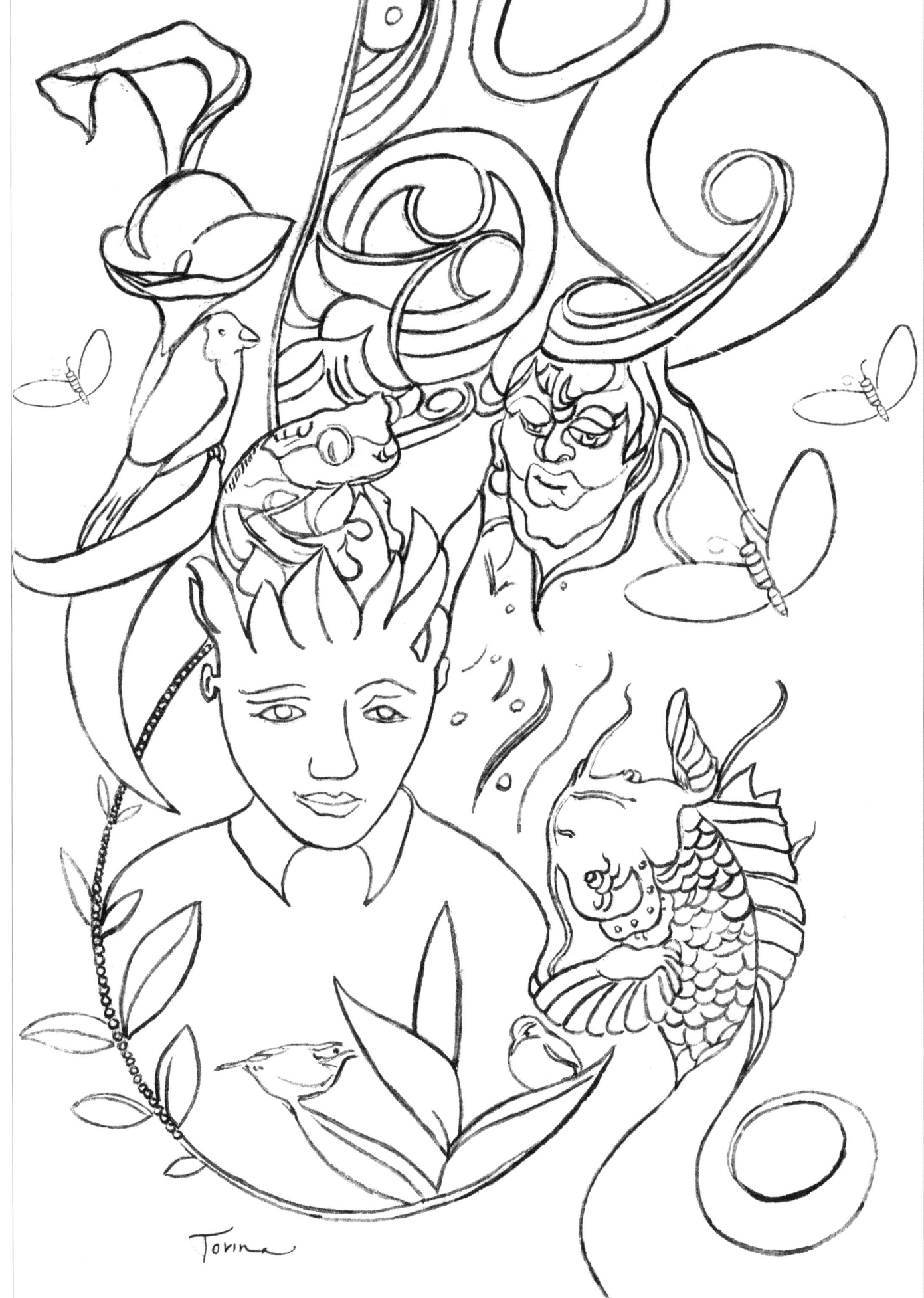

Torina

Torina

Recorte aquí

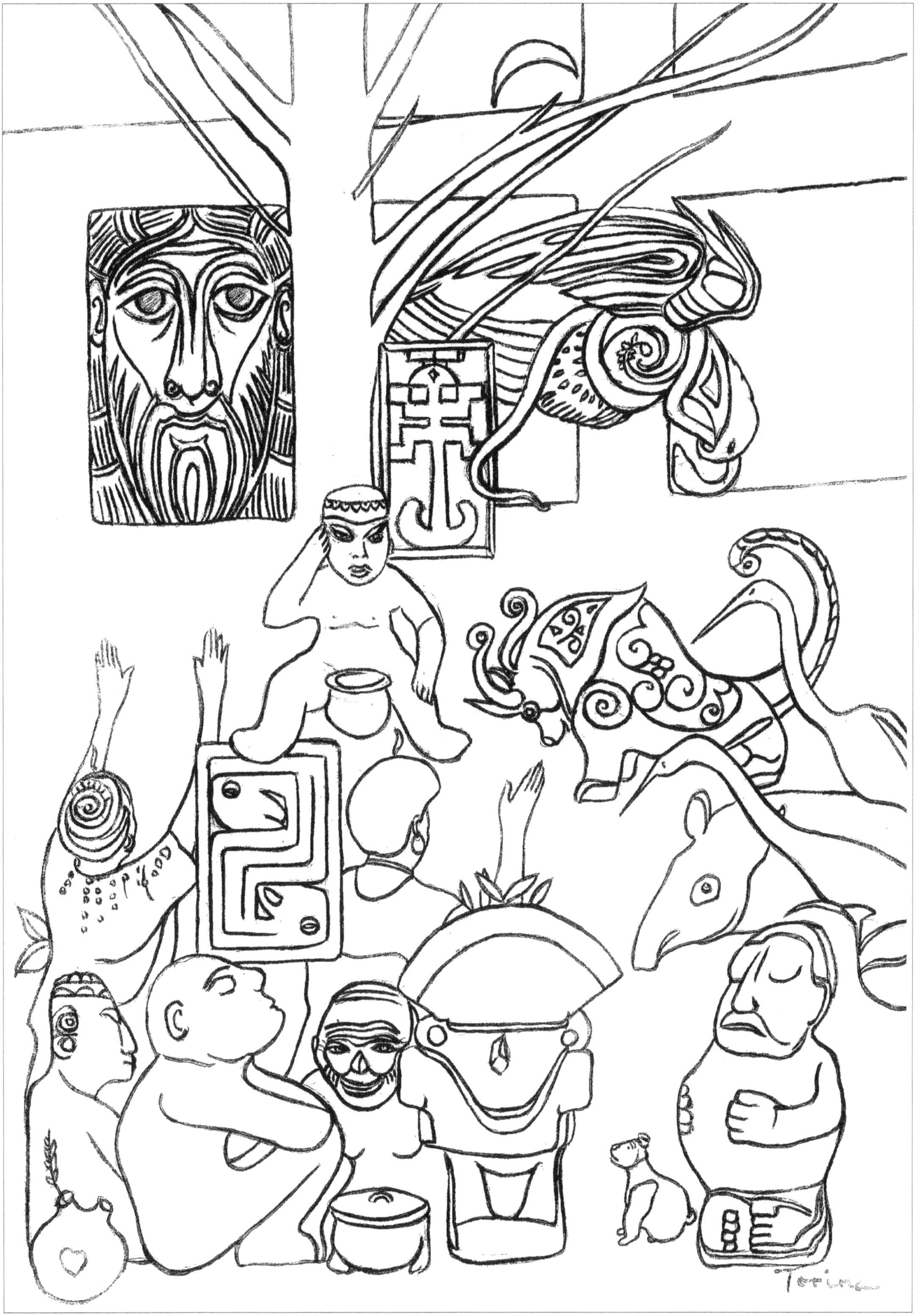

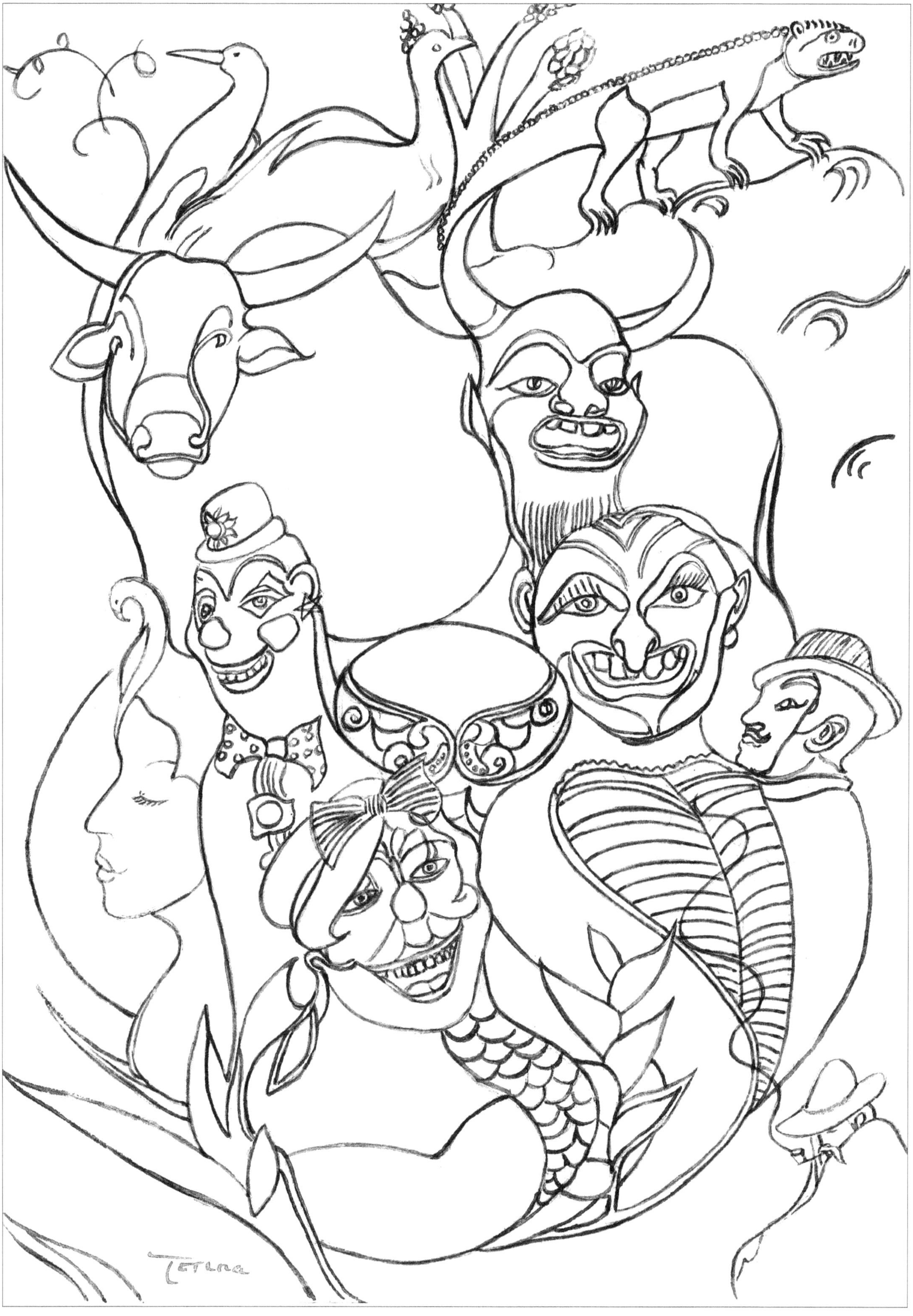

Recorte aqui

Torena

Recorte aqui

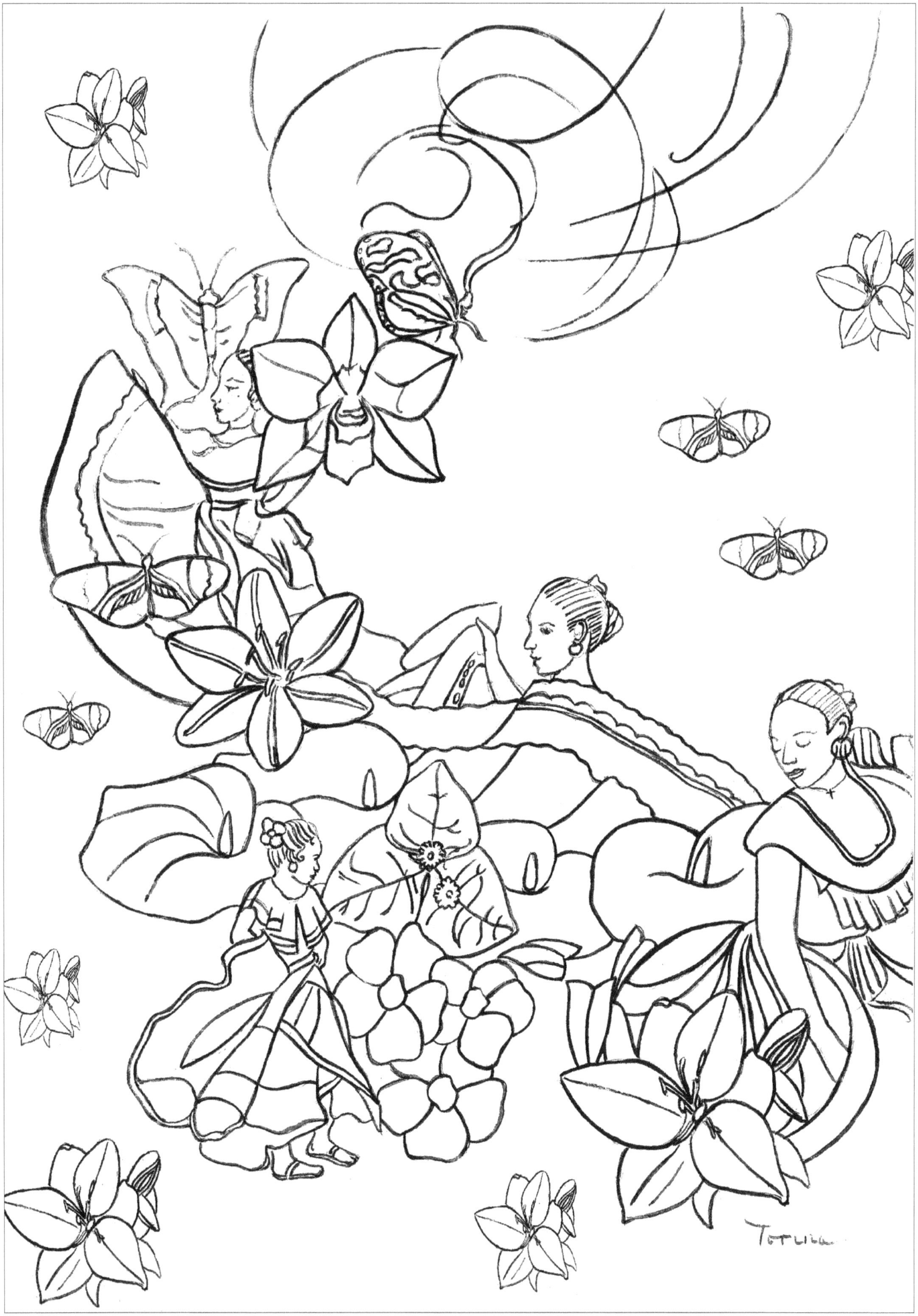

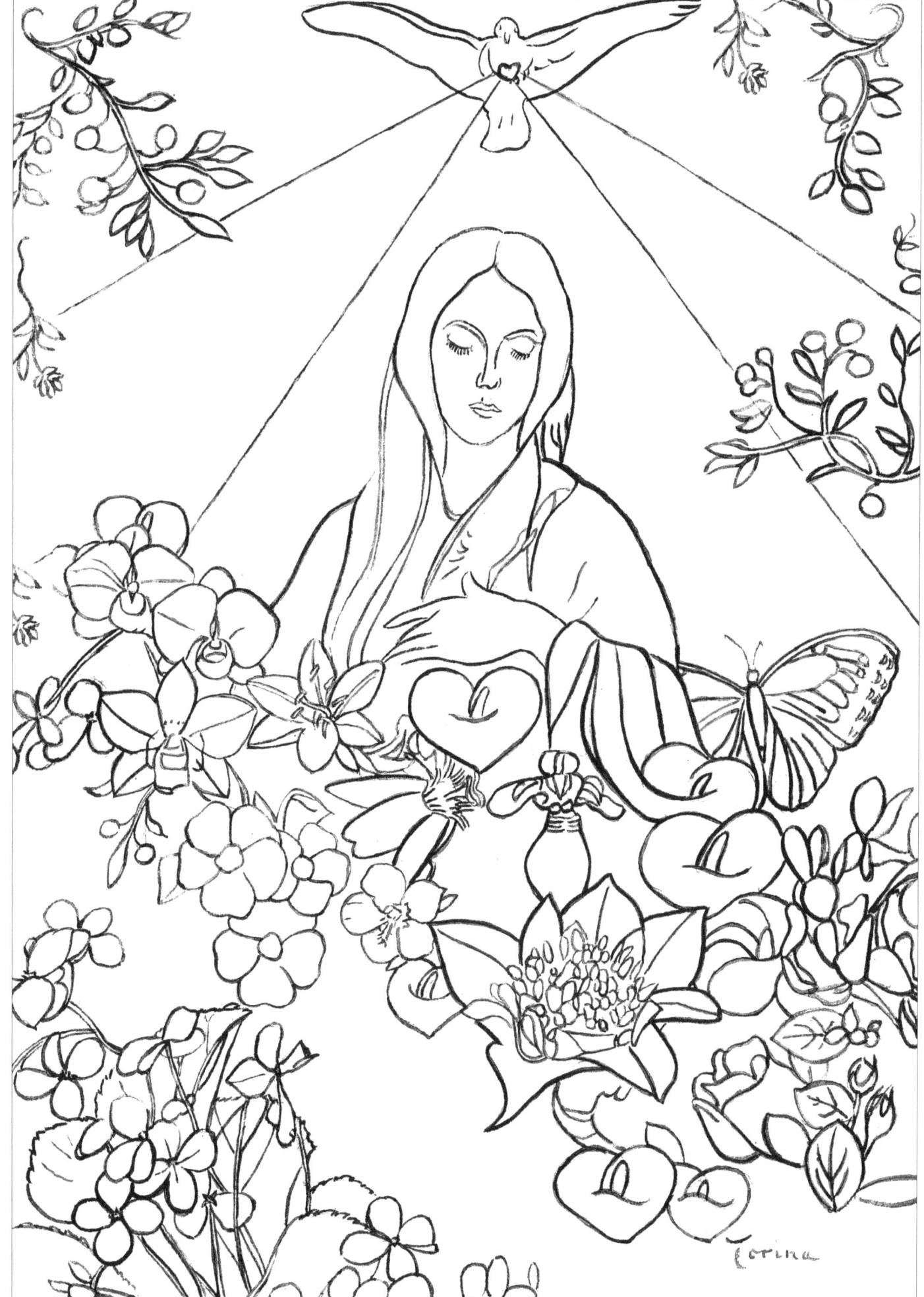

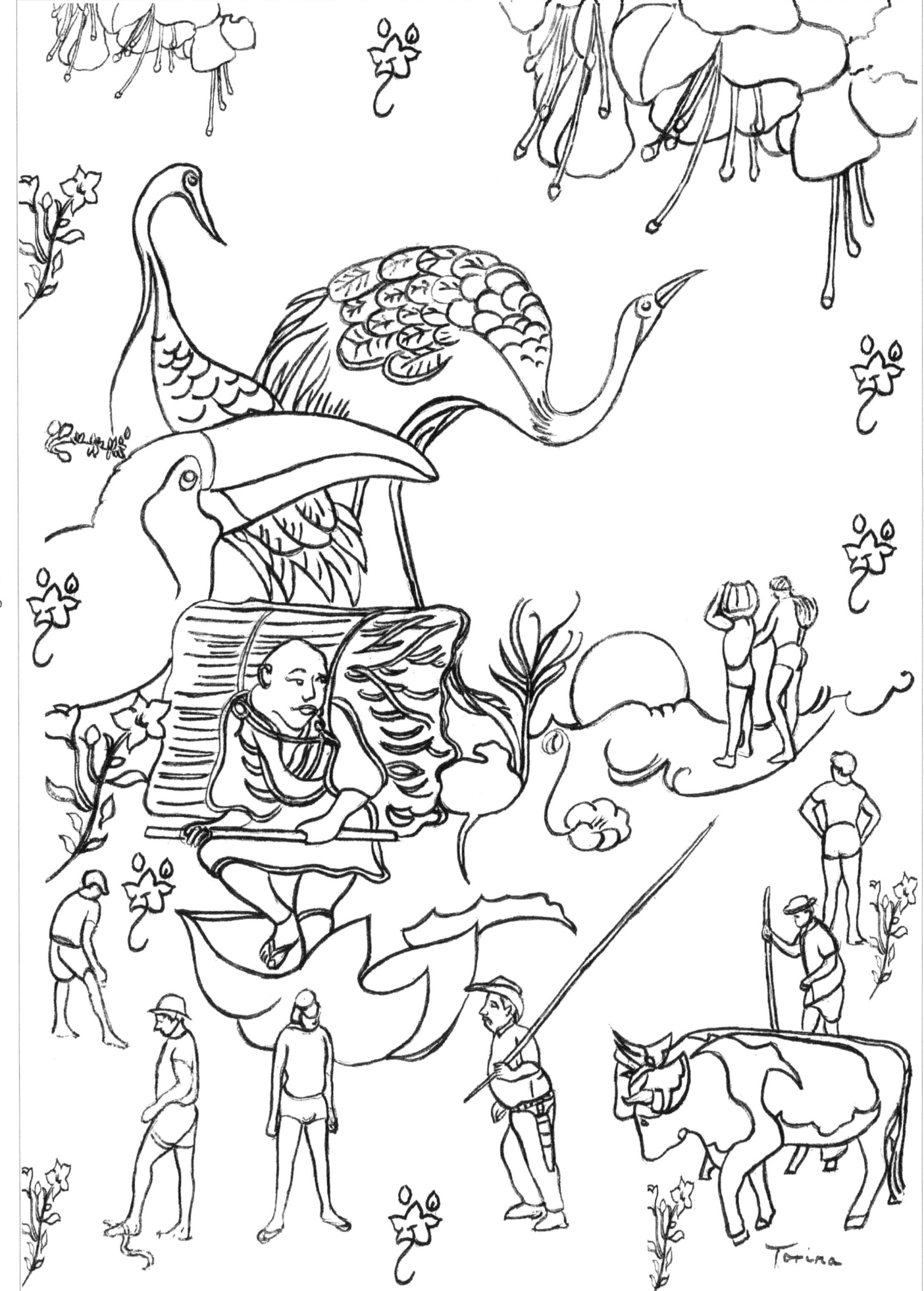

Recorte aquí

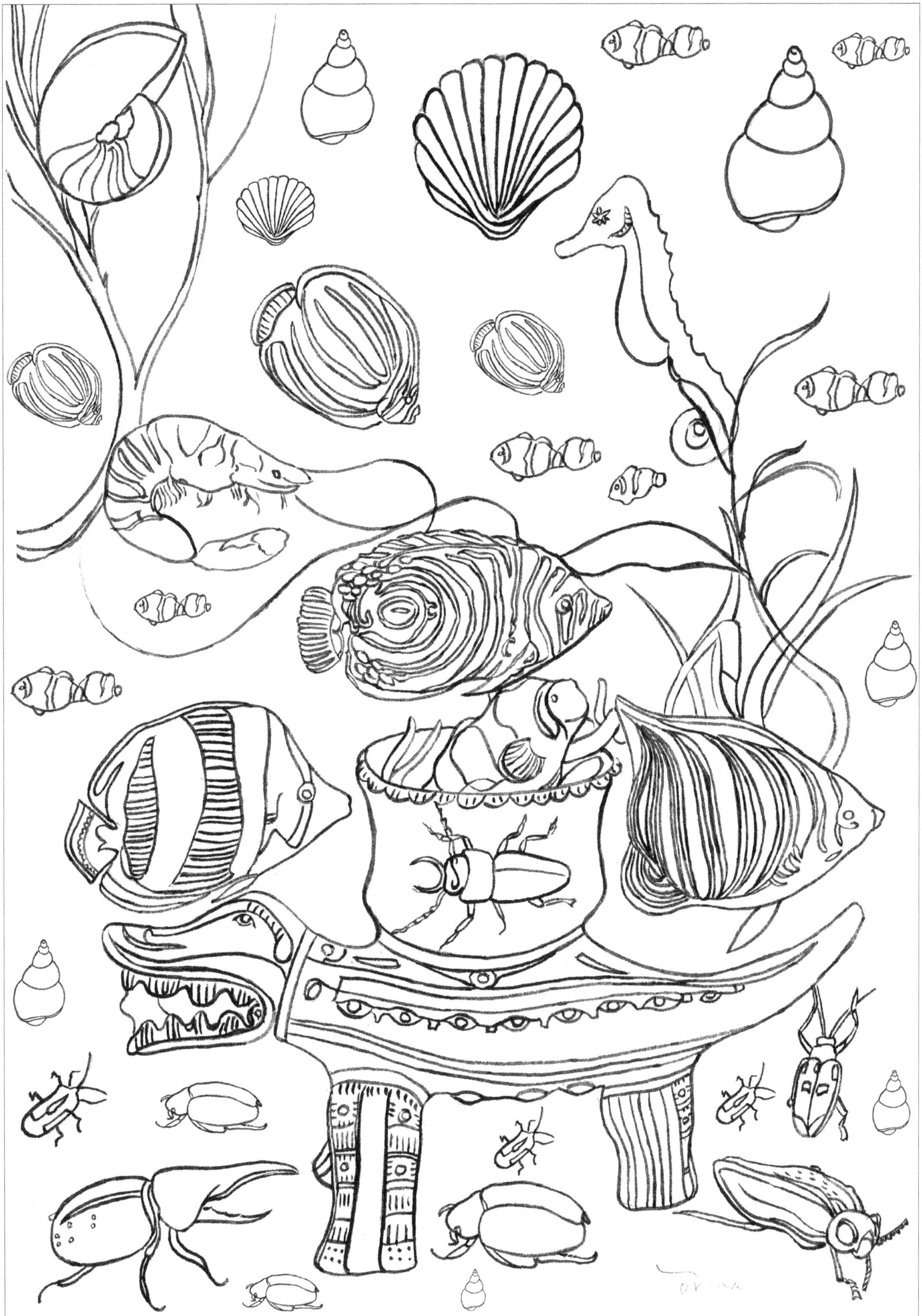

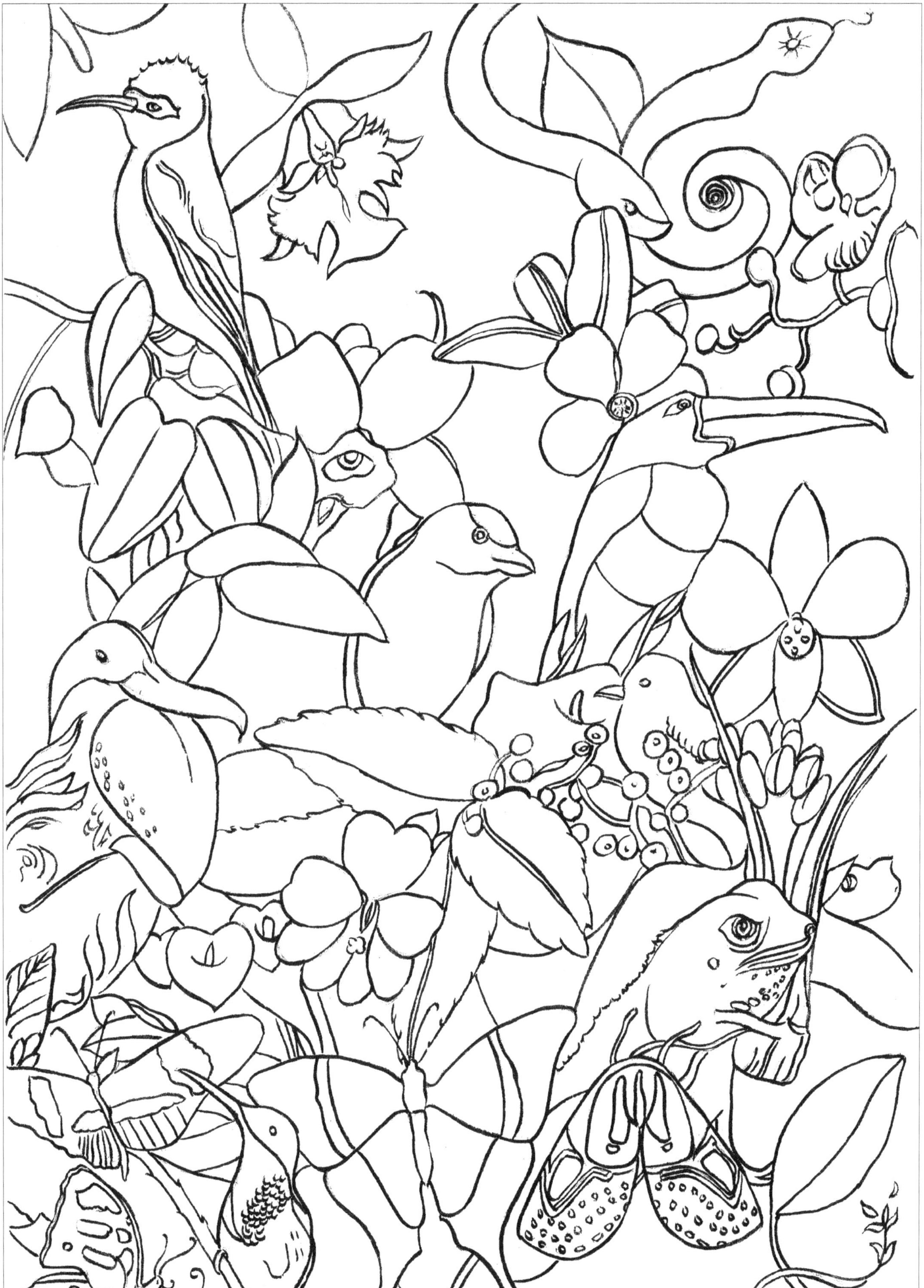

Recorte aqui

Recorte aqui

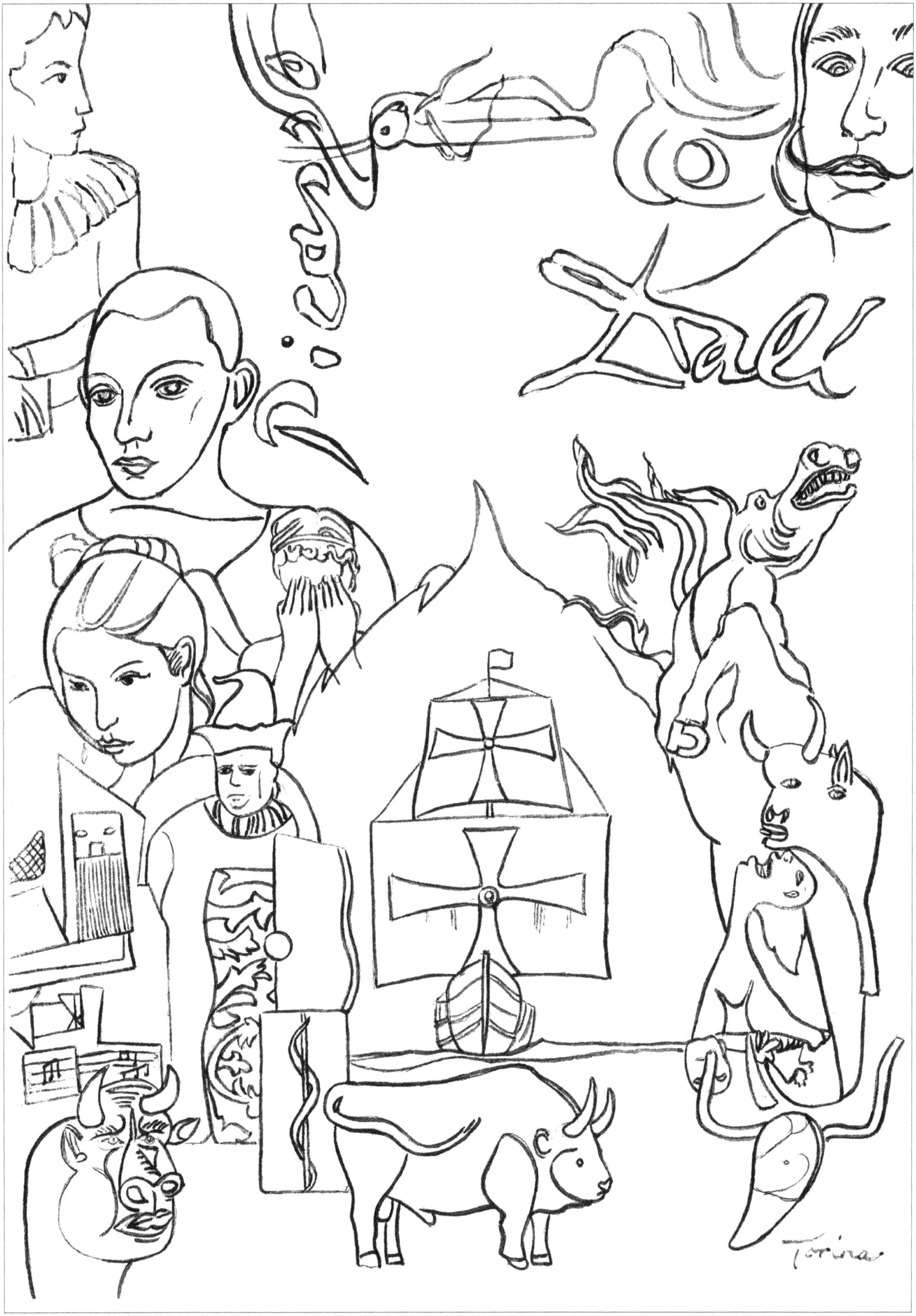

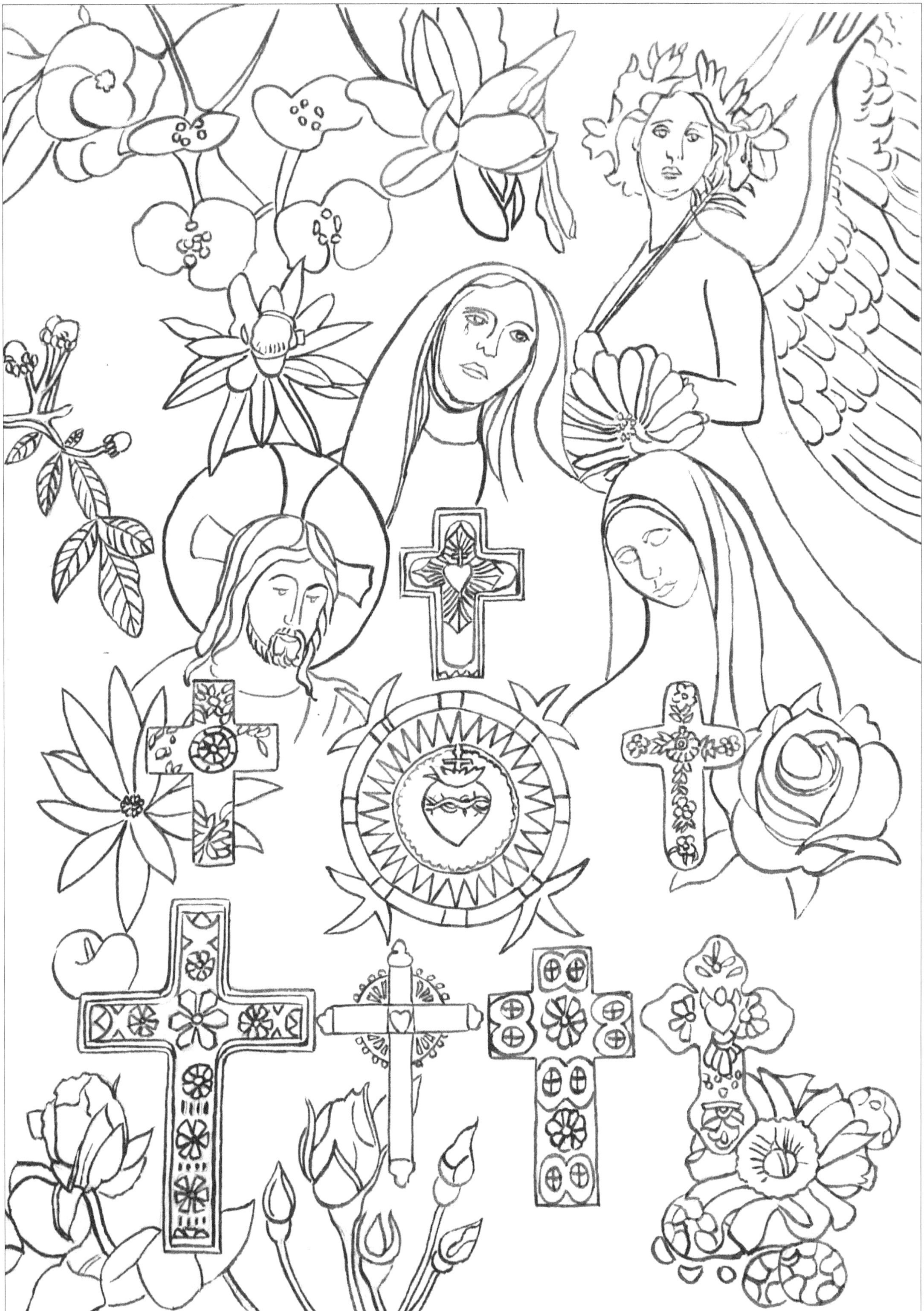

Recorte aqui

Día de los Muertos

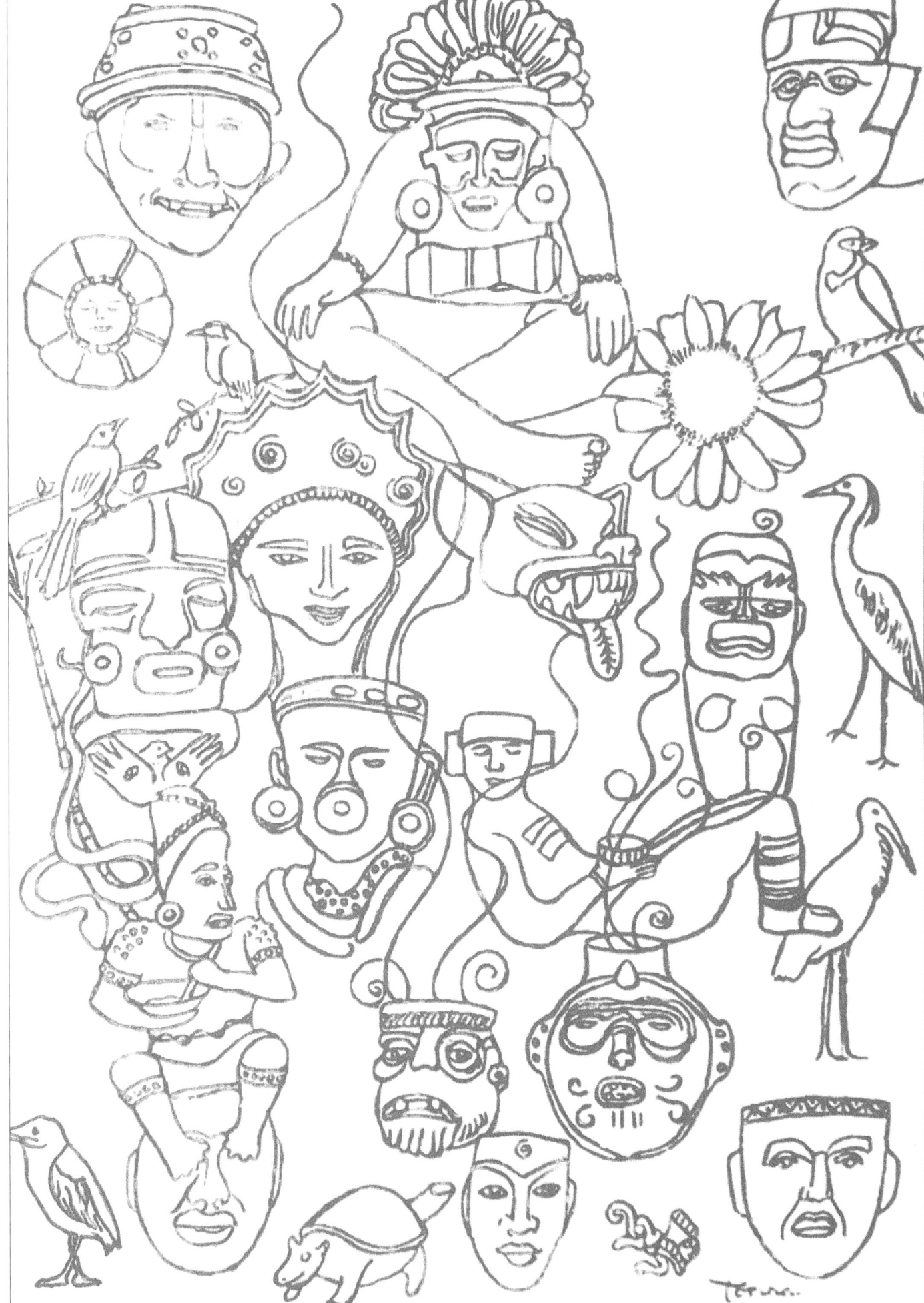

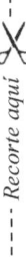

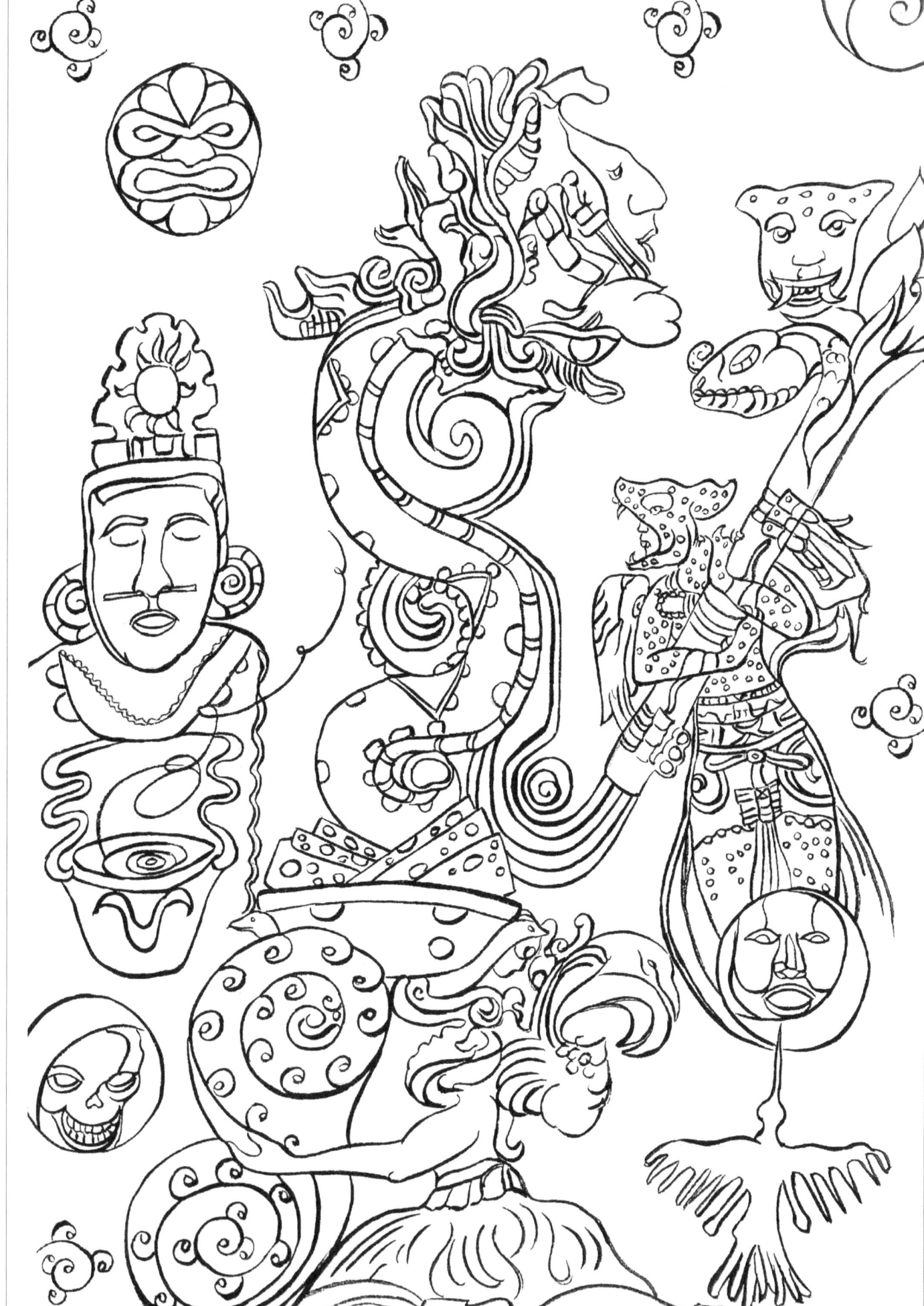

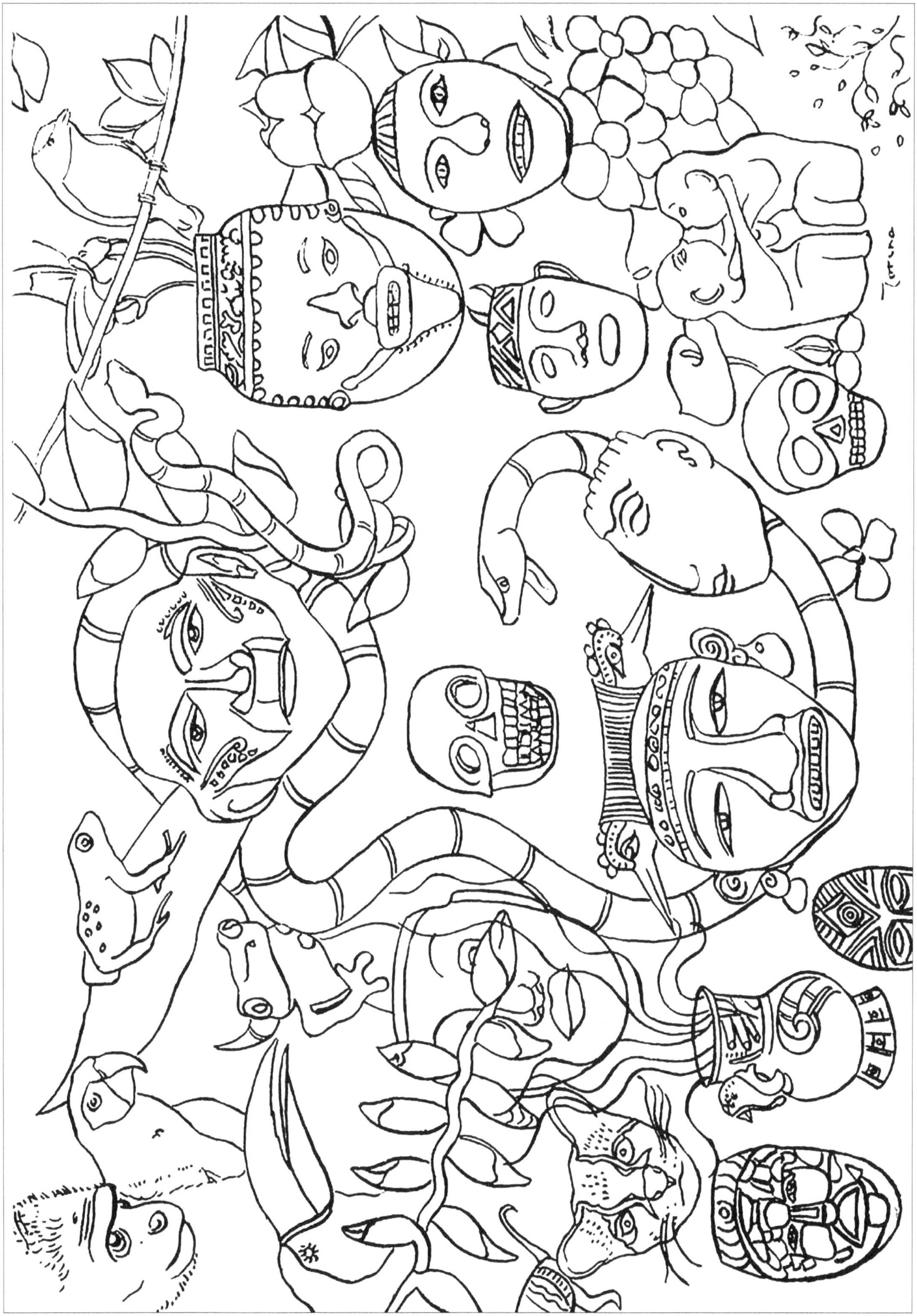

Recorte aqui

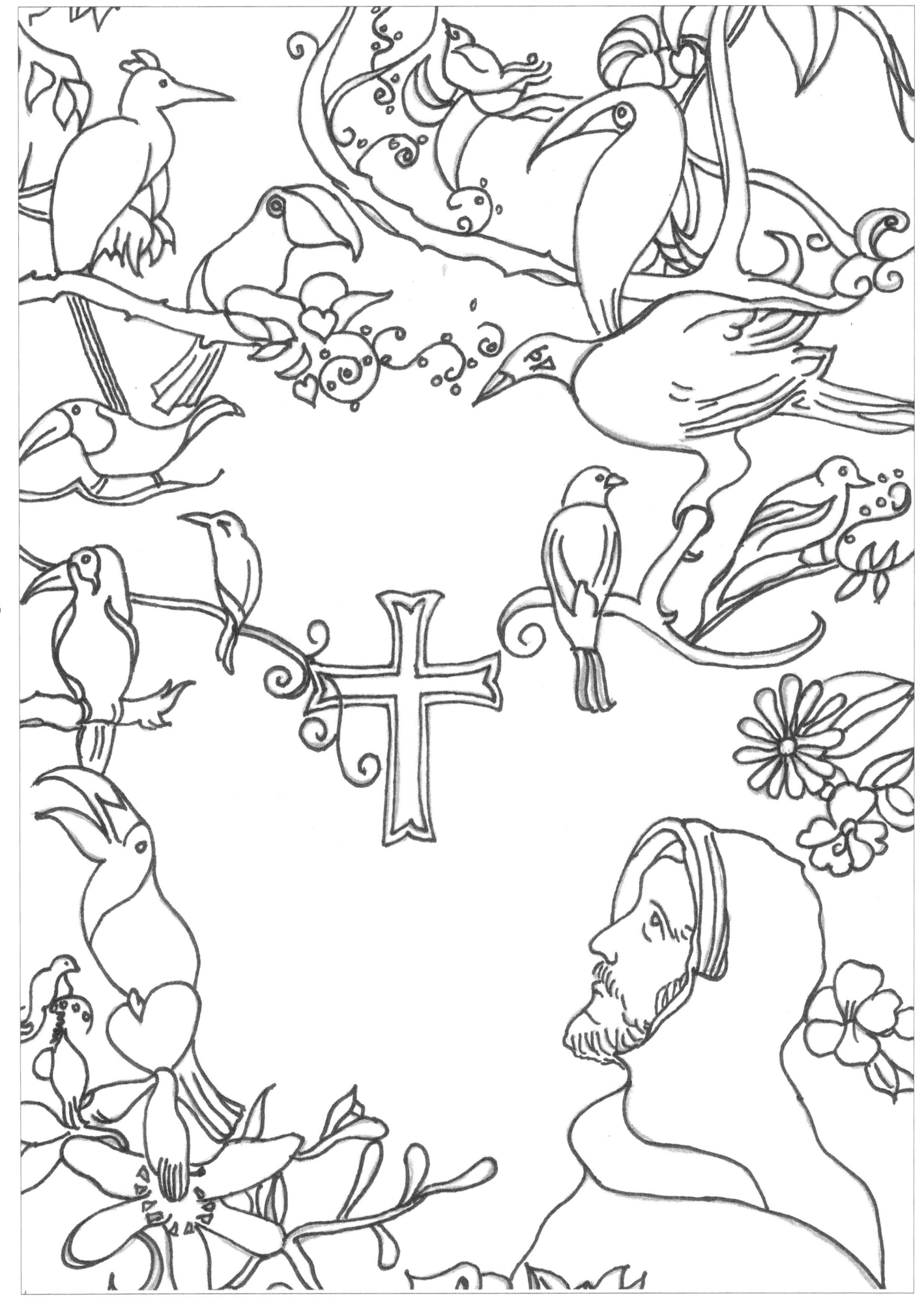

IC XC

NH IKA

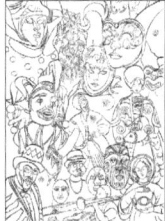

## Festival de Mardi-Gras

Esta imagen fue inspirada por el famoso festival de Mardi-Gras o martes de festival, el cual realizado anualmente 40 dias antes del Domingo de Ramos según el calendario Cristiano, en diferentes ciudades alrededor del mundo. El origen de esas celebraciones se remonta a fiestas paganas de tiempos precristianos, que correspondían al ritmo de las estaciones y de los trabajos agrícolas.

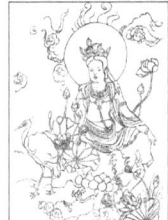

## Budha

Sidarta Gautama, más conocido como Buda Gautama, Sakiamuni,o simplemente el Buda, fue un sabio en cuyas enseñanzas se fundó el budismo.Nació en la ya desaparecida república Sakia en las estribaciones del Himalaya.Buda es un nombre honorífico con contenido religioso que se aplica a quien ha logrado un completo despertar o iluminación espiritual, este despertar implica un estado de tranquilidad mental. Esto sucede tras transcender el deseo o ansia (lobha), la aversión (dosha) y la confusión (moha).

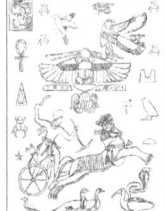

## Arte del Antiguo Egipto

Una de las características del Antiguo Egipto es su singular arte, con obras monumentales que generalmente tenían carácter simbólico, funerario o religioso. Aunque el concepto de Arte es moderno, es perfectamente utilizable en la arquitectura, escultura, pintura y joyería egipcias, siendo muchas de sus realizaciones auténticas obras de arte. Solían ser enterradas por la arena del desierto o por sus propietarios, para gozar de ellas en la "otra vida".

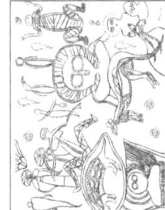

## Aborígenes de Australia

El arte aborigen australiano o arte aborigen de Australia es el arte producido por los pueblos aborígenes australianos o por la colaboración entre aborígenes australianos y otros. Incluye obras realizadas en una amplia gama de medios, como la pintura en hojas, talla de madera, talla de piedra, escultura, ropa ceremonial y pintura de arena. Solían pintar la naturaleza, incluyendo animales, lagos y, por supuesto, el tiempo del sueño, además de cuentos y leyendas que formaban parte de su religión.

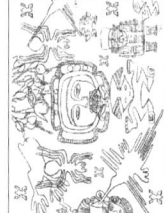

## Arte Peruano

El arte peruano tiene su origen en las sociedades andinas, ubicadas en la Cordillera de los Andes de América del Sur, que habitaron en el período pre-incaico el territorio que hoy conocemos como el Perú. Actualmente el Perú alberga una de las más extensas variedades de artes y artesanías del mundo que a través del tiempo se han ido enriqueciendo sin perder su originalidad. El arte espondía a razones políticas, sociales y religiosas, por lo que hoy presentan un alto valor arqueológico ya que nos permiten conocer la ideológica de las sociedades que los crearon.

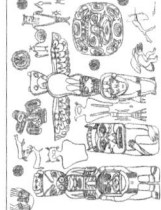

## Totems indígenas Norteamericanos

Un tótem es un objeto, ser o animal natural que en las mitologías de algunas culturas se toma como emblema de la tribu o del individuo, y puede incluir una diversidad de atributos y significados.Entre algunas tribus indígenas y naciones nativas de norteamérica las cualidades de los animales reflejaban fuerzas sobrenaturales y atribuciones espirituales.

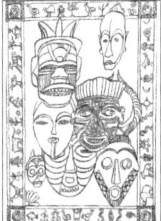

## Máscaras Africanas

Las máscaras africanas desempeñan un papel importante en las ceremonias tradicionales y danzas de teatro. Todas las máscaras africanas caen en una de cuatro categorías: espíritus del antepasado, héroes mitológicos, la combinación del antepasado y el héroe, y los espíritus animales. Son de gran importancia especialmente durante las ceremonias funerarias. La mascara designa tanto a la persona que la porta como a la máscara misma.En la sociedad tradicional, la máscara es una institución religiosa, política y social. Es el mediador entre Dios y los antepasados de los hombres.

## Danza Clásica Jemer

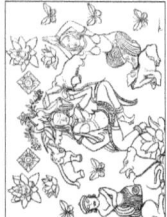

La Danza Clásica Jemer es una danza de Camboya que comparte algunas similitudes con las danzas clásicas de Tailandia y Laos. Es una forma de arte altamente estilizada bailada principalmente por mujeres, la danza clásica jemer, durante la época del protectorado francés, se limitaba en gran medida a los órganos jurisdiccionales de los palacios reales, realizada por los cónyuges, concubinas, parientes y asistentes del palacio. Así, los nombres para el arte occidental a menudo hacen referencia a la corte real.

## Dragón Chino y gruyas

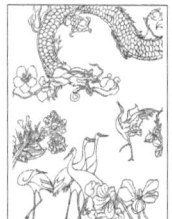

El dragón chino es un animal mitológico y legendario de China y de otras culturas asiáticas que dispone de partes de nueve animales: ojos de langosta, cuernos de ciervo, morro de buey, nariz de perro, bigotes de bagre, melena de león, cola de serpiente, escamas de pez , garras de águila. El dragón es también la personificación del concepto del yang (masculino) y está relacionado con el tiempo como propiciador de la lluvia y el agua en general. Su equivalente femenino es el fénix chino.

## Navidad

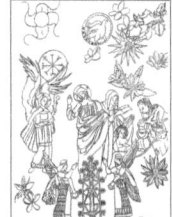

La Navidad es una de las festividades más importantes del cristianismo, junto con la Pascua de resurrección y Pentecostés. Esta solemnidad, que conmemora el nacimiento de Jesucristo en Belén, se celebra el 25 de diciembre en la Iglesia católica, en la Iglesia anglicana, en algunas comunidades protestantes y en la mayoría de las Iglesias ortodoxas. Se festeja el 7 de enero en otras Iglesias ortodoxas como la Iglesia ortodoxa rusa o la de Jerusalén.

## Gárgolas

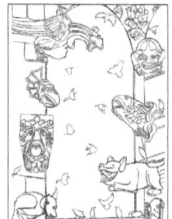

El origen de las gárgolas se remonta a la Edad Media y se relaciona con el auge de los bestiarios y los tormentos del infierno. De hecho, las primeras gárgolas fueron bautizadas con el nombre de 'grifos'. No obstante, la iconografía gargólica no se limitaba a la mera representación de grifos, sino que plasmaba, además, otros seres fabulosos que podían tomar la forma de animales, seres humanos o una mezcla de ambos; pero siempre representados de manera más o menos monstruosa.

## Mujeres en Kimono

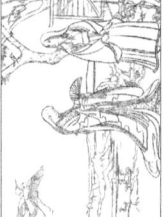

El kimono o quimono es el vestido tradicional japonés, que fue la prenda de uso común hasta los primeros años de la posguerra. El término japonés mono significa 'cosa' y ki proviene de kiru, 'vestir, llevar puesto'.El corte, el color, la tela y las decoraciones varían de acuerdo al sexo, la edad, el estado marital, la época del año y la ocasión. El kimono se viste cubriendo el cuerpo en forma envolvente y sujetado con una faja ancha llamada obi.

## Etruscos

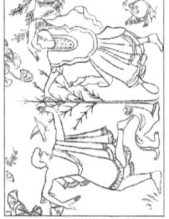

Los etruscos fueron un pueblo de la antigüedad cuyo núcleo geográfico fue la Toscana, Italia. .En cierto modo predecesora de Roma y heredera del mundo helénico, su cultura (fueron destacadísimos orfebres, así como innovadores constructores navales) y sus técnicas militares eran superiores. Hacia el 40 a. C.,perdieron su independencia política. Con todo, la presencia etrusca fue siempre destacada, los últimos tres reyes de Roma fueron etruscos.

## Grafitti

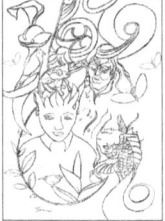

Se llama pintada, grafito o grafiti a una modalidad de pintura libre, destacada por su ilegalidad, generalmente realizadas en espacios urbanos. Su origen se remonta a las inscripciones que han quedado en paredes desde los tiempos del Imperio romano, especialmente las que son de carácter satírico o crítico.

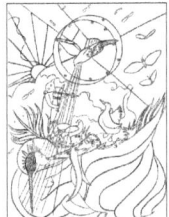

# Madre Tierra tocada por los siete rayos

Los siete rayos forman parte de un concepto teosófico que se encuentra en algunas religiones y doctrinas.En los inicios del siglo diecinueve los siete rayos aparecieron de forma más elaborada en las enseñanzas de la teosofía. Cada uno de los rayos representa una cualidad, esta dado por un color, representa un órgano y un chakra, regido por un astro e identifica un reino y una joya. La cualidades representadas son voluntad y poder,amor y sabiduría, inteligencia activa, armonía, ciencia concreta, amor-devoción y orden ceremonial.

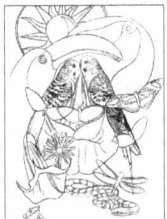

# Flora y Fauna

Con tan solo el 0.03% de la superficie terrestre mundial, Costa Rica cuenta con una enorme variedad de vida silvestre, debido en gran parte a su posición geográfica entre los continentes del Norte y América del Sur, su clima neotropical y su amplia variedad de hábitats. Costa Rica es hogar de más de 500.000 especies, que representa casi el 6% de las especies totales estimado en todo el mundo, haciendo de Costa Rica uno de los 20 países con la más alta biodiversidad en el mundo.

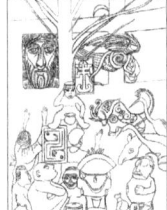

# Evolución del Arte en la Fé

Arte cristiano es el arte religioso del cristianismo, las obras de arte inspiradas por sentimientos religiosos cristianos, o creadas para ilustrar, suplementar y representar en una forma tangible el mensaje cristiano. Como arte sacro, para los creyentes el arte cristiano tiene como fin esencial el culto. Cada pieza de arte cristiano, sin importar el medio, o el personaje, evento, pasaje bíblico (las pericopas, las parábolas) o concepto específico que represente, suele contener símbolos identificativos de la rama del cristianismo que lo produjo.

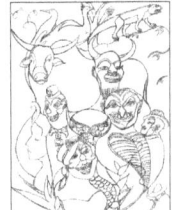

# La Mascarada

La mascarada tradicional costarricense es una tradición popular de Costa Rica que tiene raíces en la época colonial, y que en la actualidad continúa muy vigente. Su origen es producto de prácticas festivas coloniales y amerindias. Los personajes reciben el nombre de mantudos o payasos, y se caracterizan por pasearse por las calles durante las festividades populares o religiosas y turnos, persiguiendo a los asistentes, bailando al son de música de cimarrona y acompañados de fuegos artificiales. En 1997, se declaró al 31 de octubre el Día Nacional de la Mascarada Tradicional Costarricense.

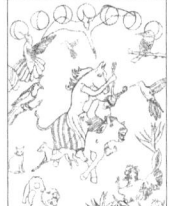

# La Segua

La Segua (del náhuatl, cihuatl, mujer), es un personaje de una leyenda típica de Centroamérica, de origen mesoamericano, y que habla de un ser espectral que se aparece por las noches a los viandantes por los caminos solitarios en la forma de una mujer muy hermosa, a los cuales solicita ayuda para que la lleven a algún poblado cercano. Una vez que la criatura ha subido al caballo (o vehículo, en versiones modernas), se transforma en un ser horripilante con la cabeza de una calavera de caballo, con la apariencia como si estuviera en estado de putrefacción.

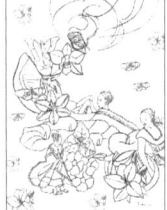

# El Punto Guanacasteco

El punto guanacasteco o punto costarricense es una danza folclórica autóctona de Costa Rica, considerado el baile nacional de ese país.El punto es una danza de origen dominicano que se extendió a Cuba, Costa Rica y Panamá. Generalmente el punto no tiene letra, y se acompaña con "bombas", tipo de verso que se intercala cuando se interrumpe la música a solicitud de los danzarines.

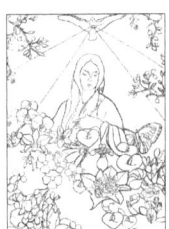

# La Vírgen María

La presencia de María en el cristianismo no fue la de una simple testigo, sino la de una personalidad cualificada y en más de un sentido única, partícipe excluyente de un momento clave de la Historia de la salvación, la encarnación de Jesucristo, y copartícipe de otros dos, la crucifixión y muerte de Jesús, y la conformación de la primera comunidad cristiana orante inmediatamente antes de la venida del Espíritu Santo en Pentecostés. En las Iglesias católica y ortodoxa se le atribuyen facultades de intercesión ante Jesucristo la devoción a ella se manifiesta a través de expresiones diversas, que van desde declaraciones dogmáticas y doctrinales marianas, hasta oraciones a ella dedicadas, y títulos con los que se la identifica, tales como "Madre de Dios".

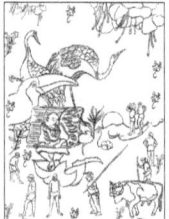

## El Día del Trabajador

San José Obrero, el carpintero de Nazaret, que con su trabajo remedió las necesidades de María y de Jesús e inició al Hijo de Dios en los trabajos de los hombres. Por esta razón, en este día, en el que se celebra la fiesta del trabajo en muchas partes del mundo, los obreros cristianos honran a san José como modelo y patrono suyo.Fue después de la época de la industrialización cuando toma cuerpo la fiesta del trabajo.

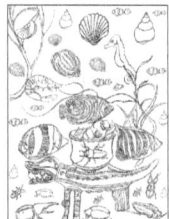

## Vida en el Océano

En la Gran Nicoya existió un centro cultural constituido que floreció durante aproximadamente 2000 años. La sociedad nicoyana logró alcanzar una compleja organización social y un elevado grado de desarrollo cultural.A la llegada de los españoles en el siglo XVI, encontraron ciudades y gobiernos complejos, agricultura especializada que incluía la irrigación, artes y artesanías, destacándose la tríada de la cerámica policromada (cuya tradición ha sido heredada por artesanos guanacastecos hasta nuestros días), la elaboración de joyería de jade y la manufactura de metates de piedra.

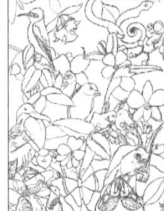

## Aves

La enorme gama de colores en sus plumajes, como también sus innumerables e increíbles cantos hacen que las aves de Costa Rica sean admiradas por turistas extranjeros y nacionales. En los parques nacionales y áreas silvestres abundan las especies exóticas. Para la observación de más de 900 especies, Costa Rica encabeza la lista de maravillosas selvas tropicales para realizar esta activada, desde la altitud de los bosques nubosos, pasando por los bosques húmedos hasta las tierras bajas de las selvas tropicales.

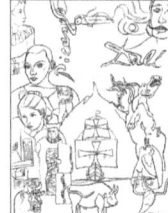

## La Conquista

La exploración y conquista de América tuvo lugar durante la llamada era de los descubrimientos, la cual siguió a la llegada de Cristóbal Colón en 1492, desde finales del siglo XV y durante el siglo XVI. Otra muy importante conquista de los Españoles se manifesto a inicios del siglo XX, la cual influenció grandemente nuestra cultura, y fue la revolución artística marcada por Salvador Dali y Pablo Picasso, entre muchos otros artistas y en diferentes ramas como la poesía, pintura y la escultura, que siguen reconquistando con su visión nuestra cultura latinoamericana.

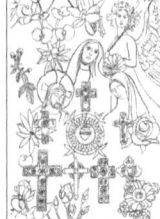

## Relicarios

Cuando los españoles y portugueses decidieron explorar y conquistar el Nuevo Mundo para la Corona y la Iglesia, llevaron consigo sus pertenencias personales,incluyendo artículos devocionales para inspirar y confortarles en sus viajes, tales como: rosarios, cruces, medallas, trípticos, y medallones que contienen pequeñas imágenes religiosas. En las Américas y Filipinas durante la época colonial estos relicarios evolucionaron un género único de la joyería devocional y la expresión artística.

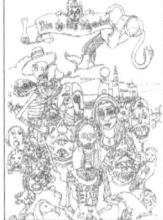

## El Día de los Muertos

El Día de Muertos es una celebración mexicana y de los paises centroamericanos, de origen mesoamericano que honra a los difuntos. Se celebra principalmente los días 1 y 2 de noviembre, coincidiendo con las celebraciones católicas de Día de los Fieles Difuntos y Todos los Santos. Las festividades eran presididas por la diosa Mictecacíhuatl, conocida como la "Dama de la Muerte" (actualmente relacionada con "La Catrina") y esposa de Mictlantecuhtli, Señor de la tierra de los muertos. Las festividades eran dedicadas a la celebración de los niños y las vidas de parientes fallecidos.

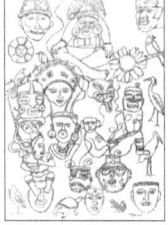

## Ancestrales Mayas

El arte maya clásico (2000a.c. a 900 d.C.) es apreciado por sus excelentes ideas. Los tallados y relieves en estuco de Palenque y el estatuario de Copan son especial finos o bueno, muestran una gracia o desgracias de observación precisa de la forma humana que recordó a los primeros arqueólogos las formas artísticas de la civilización moderna del Nuevo Mundo —de allí el nombre dado a esta época de la historia norteamericana, es de arthrería funeraria y de cerámica de uso cotidiano y ritual.

## Festival de los Locos

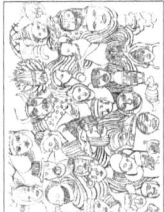

Una de las fiestas más esperadas en San Miguel de Allende, en el estado de Guanajuato, México, durante el año es el tradicional Desfile de Locos, que se celebra el primer fin de semana posterior al día de San Antonio de Pádua, que es el 13 de Junio de cada año. En este festival los hombres vestidos de mujer y mujeres vestidas de hombre desfilan por San Miguel. Durante el desfile los participantes arrojan dulces a los niños y espectadores.

## Quetzalcóatl

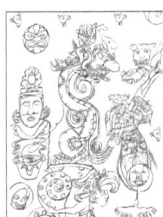

Quetzalcóatl, también considerado como "La Serpiente Emplumada", representa la dualidad inherente a la condición humana: la "serpiente" es cuerpo físico con sus limitaciones y las "plumas" son los principios espirituales. Otro nombre aplicado a esta deidad es Nahualpiltzintli, "príncipe de los nahuales". Quetzalcóatl es también el nombre náhuatl de los mesías mesoamericanos y el título de los sacerdotes supremos de la religión tolteca. Se manifestó en diversos profetas históricos, el último de los cuales fue Ce Ácatl Topiltzin, rey de Tula, que vivió entre los años 895 y 947 de la era Cristiana.

## Jungla

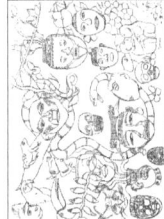

Costa Rica es el país con mayor biodiversidad del planeta por kilómetro cuadrado de territorio con 1.8 especies por km². Costa Rica se encuentra al sur de América Central, en la zona Intertropical del planeta. Las zonas intertropicales del continente americano albergan una mayor biodiversidad que la de los otros continentes. En la jungla es común encontrar especies de árboles como el almendro amarillo, el gavilán, caobilla, ojoche, así como también es bastante común poder observar zaínos, guatusas, lapas verdes y una gran variedad de otras especies de aves características de este tipo de bosque.

## San Francisco de Asís

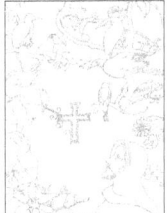

Francisco de Asís nació el 3 de octubre de 1226.. Es un santo italiano, que fue diácono, fundador de la Orden Franciscana, surgida bajo la autoridad de la Iglesia católica en la Edad Media. De ser hijo de un rico comerciante de la ciudad, pasó a vivir bajo la más estricta pobreza y observancia de los Evangelios.Su vida religiosa fue austera y simple, por lo que animaba a sus seguidores a hacerlo de igual manera. Es el primer caso conocido en la historia de estigmatizaciones visibles y externas. Fue canonizado por la Iglesia católica en 1228, y su festividad se celebra el 4 de octubre.

## Símbolos

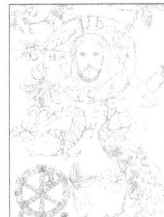

El simbolismo religioso es la identificación oficial de una cultura religiosa usado en los rituales. La definición y preservación de los dogmas de la fe exigía mucha cautela en un ambiente tan diverso y tan presto al sincretismo como el del Imperio romano en aquellos siglos. Por ejemplo para reconocerse, los fieles "iniciados" utilizaran símbolos. El simbolismo cristiano es un complemento del arcano que protege la pureza de la fe de los enemigos externos. El pavo y el ave Fénix simbolizan la resurrección. La palma la victoria. La paloma la sencillez cristiana, el pudor y la paz concedida al alma fiel. El ciervo, el servidor diligente de Cristo. El áncora, la esperanza en la salvación. La nave, la Iglesia. El pez simbolizaba a "Jesucristo, Hijo de Dios, Salvador".